早わかり リスクマネジメント＆内部統制

知っておきたい61のキーワード

KPMGビジネスアシュアランス㈱ 編

日科技連

* COBITは情報システムコントロール財団（Information Systems Audit and Control Foundation）およびITガバナンス協会（IT Governance Institute）の登録商標です。
* ITILは英国および欧州連合各国における 英国政府OGC（Office of Government Commerce）の商標または登録商標です。
* PMBOK、PMI、PMPは、プロジェクトマネジメント協会（Project Management Institute）の登録商標です。
* 本文中では、TM、®マークは明記しておりません。

刊行にあたって

　今、内部統制やリスクマネジメントが世界中で空前のブームになっています。昨日まで内部統制やリスクマネジメントに特段関係していなかった方々が、内部統制やリスクマネジメント体制の整備推進者や担当者となり、各企業の中で非常に重要な役割を担うようになりました。また、それらの企業に対して内部統制やリスクマネジメントに関連するサービス提供を目指して多くのセミナーが開催され、連日のように大賑わいを見せています。

　しかしながら、「内部統制」や「リスクマネジメント」に関連するさまざまな概念は、明確に定義できるものから曖昧にならざるを得ないものまで、非常に多岐にわたっています。内部統制やリスクマネジメントを生業にしている人たちの間でさえ、同じ言葉を違う意味で用いている例が多々生じています。

　弊社では「私たちはリスクマネジメントを通じて、クライアントの新たな価値創造を支援し、ビジネスに確信を与えます。」をミッションに掲げ、内部統制やリスクマネジメントの専門家集団として10年近くにわたり、お客様にさまざまな支援を続けてまいりました。そしてこのたび、「時には非常に難しい内部統制やリスクマネジメントに関係する諸概念を、一度整理して、弊社のお客様だけではなく、より多くの方々にお届けしたい」―そのような思いで、本書を刊行する運びとなりました。

　本書では、今まで弊社のお客様に配布させていただいてきた「キーワード集」を基礎に、「恐らく必要であろう」と考えた言葉を補充追加しています。「こんな言葉も含めて欲しい」「この言葉にはこういう意味、考え方もあるはず」といったご意見がございましたら、弊社マーケティング・広報部までお知らせください。本書のさらなる充実のために参考とさせていただきたいと考えており

ます。

　金融商品取引法成立により、いよいよ財務報告に係る内部統制に関わる経営者による評価と報告、それに対する外部監査人による監査の義務づけが決まりました。同じ定義で言葉を使うことが内部統制やリスクマネジメントをスムーズに定着させるうえで最も重要なことと考えております。本書を多くの方々の机の傍らに置いていただき、内部統制やリスクマネジメントについての共通言語化にいくばくかの貢献ができましたら、幸甚です。

　最後に、本書を出版するにあたって、日科技連出版社の鈴木兄宏氏には、多大なるご理解とご尽力をいただきました。この場を借りて御礼申し上げます。

2006年8月

　　　　　　　　　　　　　　　　　　KPMGビジネスアシュアランス株式会社

早わかり
リスクマネジメント&内部統制
知っておきたい61のキーワード

CONTENTS

CONTENTS

刊行にあたって……………………………………3

コーポレートガバナンス………………………8
グループ経営……………………………………14
ステークホルダー………………………………17
アカウンタビリティ……………………………20

リスクマネジメント……………………………22
リスクの棚卸と評価……………………………26
リスクポートフォリオ…………………………31
内部監査…………………………………………33
CSA………………………………………………35
主要業績管理指標………………………………38
BCM………………………………………………41
BCP………………………………………………42
BIA………………………………………………44

早わかり
知っておきたい
61のキーワード

内部統制…………………………………………45
COSO ERM………………………………………47
サーベンス・オクスリー法……………………49
日本版SOX法……………………………………51
アサーション……………………………………55
全社的な内部統制………………………………57
業務プロセスに係る内部統制…………………59
会社法による内部統制関連要求………………62
事業等のリスクの開示…………………………67
ITガバナンス……………………………………70
IT全般統制………………………………………72
IT業務処理統制…………………………………74
COBIT……………………………………………76
SAS70……………………………………………78

リスクマネジメント&内部統制

CSR………………………………………………81
CSR報告書………………………………………84
GRIガイドライン………………………………87
経営品質…………………………………………90

コンプライアンス／インテグリティプログラム………92
連邦量刑ガイドライン………………………………94
行動規範………………………………………………97
CCO……………………………………………………99
内部通報制度………………………………………101
不正調査……………………………………………104
個人情報保護………………………………………106
個人情報の保護に関する法律……………………107
プライバシーマーク制度…………………………108

CISO……………………………………………109
情報セキュリティ……………………………110
情報セキュリティポリシー…………………111
情報セキュリティマネジメントシステム(ISMS)適合性評価制度……112
ISO/IEC 27000シリーズ……………………113
情報セキュリティ監査制度…………………115
電子署名法、特定認証業務の認定制度……118
電子認証、電子認証局………………………120

システム監査………………………………………122
システム監査企業台帳……………………………124
システム監査資格…………………………………126
システムリスク（金融検査マニュアル）………128

ISO/IEC 20000………………………………130
ITIL……………………………………………132
SLA、SLM……………………………………133
BPO……………………………………………135

プロジェクトリスクマネジメント………………136
PMO…………………………………………………138
PMBOK……………………………………………140
エンタープライズアーキテクチャー……………142

人事リスクと人事デューデリジェンス……………145

INDEX（索引）………………………………………151

キーワード

コーポレートガバナンス
企業統治
Corporate Governance

コーポレートガバナンスとは

　コーポレートガバナンスとは「何か不都合なことや、違法なことをしないように、経営者を監視すること」と解されることも多いようですが、コーポレートガバナンスの本来の意味は、「経営者が株主のために企業経営を行っているかを監視する仕組みや制度」です。

　コーポレートガバナンスのなかでコンプライアンスやリスクマネジメントについてまでをも議論することもあるようですが、コンプライアンスやリスクマネジメントはあくまでも「マネジメント論」です。どのような「仕組み」「制度」の下でも、健全な経営を行うための適切な内部統制の機能が発揮されるように、コンプライアンス体制やリスクマネジメント体制の必要性が議論されているにすぎません。

　経営者には株主の利益の最大化を目的に企業経営にあたる責務があります。そして、経営者がこのような責務を果たしているか、経営者に目標を与え、業績評価を行い、経営者が株主の利益を生み出すようにモニタリングすることが「コーポレートガバナンス」なのです。

コーポレートガバナンス議論の動向

　最近はCSRの議論と相まって、いかに経営の健全性を確保できる制度を確立するか、という見地から、広くコーポレートガバナンスを議論するようになりました。コーポレートガバナンス論の核心は、誰が、いかにビジネスリスクを負担し、利益をいかに配分するか、ということを監視、決定する「仕組み」です。また、投資家や株主が安心して株式投資を行えるようにするためにも、投資家や株主が理解しやすいコーポレートガバナンスを整備し、説明（開示）することも重要となります。

　したがって「コーポレートガバナンス」を論じる場合には次のような事項が主な論点となります。

　　① 経営者を、誰が、どのように選任するのか→役員の選任
　　② 経営者の業務（経営）の執行状況を、誰が、どのようにモニタリングするのか→取締役会、監査役会、監査委員会、内部監査など

③ 経営者の業績を、誰が、どのように評価し、経営者にインセンティブを与えるのか→役員報酬
④ 投資家や株主に安心して投資してもらえるように、経営者はどのような説明責任を負い、情報開示を行うべきか→開示

米国、ドイツ、日本におけるコーポレートガバナンスの比較

株式会社は株主によって所有され、株主総会が最終的な決定機関です。しかし、通常、株主が直接に企業を経営することができないため、株主によって選任された経営者に企業経営を委任することになります。こうした構造は各国とも同様ですが、株式の所有構造の違いや各国の法制度により、これまでコーポレートガバナンスの実態は国ごとに大きく異なっていました。

(1) 米国におけるコーポレートガバナンスの特徴

米国企業では、企業経営を行い業務執行にあたる経営者で常勤のオフィサーと、業務執行を監督し大多数は非常勤であるディレクター(取締役)が分離されています。取締役は株主から選任され、いわば株主を代表して、業務執行を行うオフィサーを監督します。オフィサーは取締役会により選任または解任されます。

米国における取締役会は、法的地位や実態面も日本の取締役会と基本的な性格を異にし、その役割も業務執行→経営意思決定→経営監督と変遷してきました。特に、証券取引所の上場規則や証券取引法などが1970年代頃から公開会社に監査委員会の設置を義務づけたことなどにより、しだいに経営と監督の機能分化が進行しました。

米国の取締役会のメンバーには社外(独立)取締役が多く入っていることも特徴の一つです。米国の証券取引所の上場規則では、取締役会の内部委員会たる監査委員会・報酬委員会・指名委員会を社外(独立)取締役で構成することを要求しています。

指名委員会は、経営者たるオフィサーの選任・解任の決定権限を有し、報酬委員会は、オフィサーの報酬の決定権限を有するほか、社員の人事制度を検討

し勧告します。また、監査委員会は、執行状況の監査権限を有し、企業の内部監査部門などを活用し、内部統制の整備、確立などを勧告します。さらに、投資家などへの開示書類の適正性や、外部監査人の独立性や監査報酬、監査の状況などについても監査委員会による監督の対象となっています。

　実は、米国の各州の会社法では、一部の例外を除き、米国企業が具体的にどのような委員会を設置すべきか規定されていません。あくまでも証券取引所などの自主規制により、公開会社に義務づけられているのです。

　このように、米国では形骸化した株主総会を代替するコーポレートガバナンスの仕組みとして、社外（独立）取締役から構成される取締役会および各種委員会による監督を機能させようとしている制度に特徴があります。また、経営者たるオフィサーには、少数株主の代理である社外（独立）取締役が構成員となっている取締役会に対する説明責任があり、取締役には株主への説明責任があることが明確にしやすい点にも、その特徴があります。

(2) ドイツにおけるコーポレートガバナンスの特徴

　ドイツでは企業形態（合名会社等の人的会社、株式会社等の資本会社など）および企業の規模によって制度に違いがあります。ここでは株式会社のうち大規模会社に関するコーポレートガバナンスの仕組みを簡単に示しておきます。

　ドイツの株式会社においては、株主総会で監査役が選任され、監査役から構成される監査役会が取締役を任命し、取締役会は企業経営を担当し、監査役会は取締役の経営を監視するという構造になっています。監査役会が監督機関であるとともに、取締役を任免できる権限があるところに特徴があります。なお、大規模なドイツの株式会社の場合、監査役の半数は株主代表、半数は従業員代表としなければならない点も大きな特徴です。

　近年、ドイツにおいてもコーポレートガバナンス改革の議論が活発になってきています。

(3) 日本におけるコーポレートガバナンスの特徴

　日本の商法では、取締役に業務執行責任と監督責任（相互監視義務）を規定

し、さらに株主から選任される監査役にも監視機能を期待してきました。2002（平成14）年の改正前における商法の主なコーポレートガバナンスに関する規定内容をまとめてみると、次のようになります。

経営監視体制のあり方
① 取締役会による監視
　取締役会は重要事項の業務執行を行うとともに、代表取締役の業務執行を監視する義務を負います。
② 監査役会および監査役による監視
　監査役は株主総会より選任され、取締役会や代表取締役の業務執行の適切性・適法性を監査し、株主へ報告するとともに、必要に応じ違法行為の差止めや取締役会の招集・意見陳述もできます。
③ 株主総会および株主による監視
　株主は株主総会における議決権の行使を通じて取締役の業務執行を監視します。また、一定要件を満たす少数株主は代表訴訟を通じて取締役の責任を追及することができます。

取締役の指名・報酬・業績評価
① 取締役の報酬の決定
　取締役のお手盛り防止のため株主総会の承認が必要ですが、現実的には各取締役への配分方法は取締役会に一任される場合が一般的です。
② 取締役の選任
　株主総会が選任しますが、株主総会の議案を決定するのは取締役会であるため、実質的には代表取締役が人事権を握っています。

平成14年商法改正の主な内容 —— 委員会等設置会社制度の導入
　委員会等設置会社制度では、監査役を置きません。また、業務執行を担当する役員として「執行役」を置き、取締役は、取締役の資格では会社の業務執行はできません。したがって代表取締役も置かれず「代表執行役」が置かれるこ

とになります。取締役が執行役を兼務することは認められていますが、あくまでも執行役としての地位にもとづく業務執行となります。

　委員会等設置会社制度では、新株や社債の発行を含む取締役会決議事項についての決定権限を取締役会が執行役に大幅に委任することを許容しています。また、いずれも社外取締役が過半数を占める「指名委員会」「報酬委員会」「監査委員会」を必ず置くことになりました。各委員会の有する決定権限は最終のものであり、取締役会がその決定を覆すことはできません。この場合、取締役会は取締役の選任・解任議案の決定権限を有せず、指名委員会が株主総会に提出する取締役の選任・解任に関する議案の決定を行います。また、株主総会で定めた総枠の範囲内で、取締役会から委任を受けた代表取締役が個人別役員報酬額を決めることはできず、報酬委員会が取締役および執行役が受ける個人別の報酬の内容を決定します。

　委員会等設置会社制度では、監査委員会の監査委員には一般の大会社における監査役と同様の調査権等が付与されており、会計監査人の選任・解任などに関する議案の決定権限なども監査委員会に付与されています。

　委員会等設置会社制度では、取締役の任期は1年ですが、執行役の任期は、就任後1年以内の最終決算期に関する定時株主総会が終結した後、最初に開催される取締役会の終結のときまでです。執行役は取締役会において選任・解任され、執行役は取締役とともに株主総会に出席して株主の質問に対して説明する義務があり、取締役会に対しては3カ月に1回以上、自己の職務の状況を報告しなければなりません。

平成18年施行の会社法

　上記のコーポレートガバナンスの規定は、2006(平成18)年5月から施行された「会社法」に移行され、さらにさまざまな機関の設定・運用が可能になりました。なお、会社法においては、監査役制度も委員会制度も、コーポレートガバナンス上の優劣はつけていません。両者とも会社法で用意した経営監視の「器」「制度」にすぎず、各企業の実情に見合った制度を導入することが望まれています。

企業内容開示制度におけるコーポレートガバナンスの開示の強化

　株式公開企業が開示している有価証券報告書には「コーポレートガバナンスの状況」の開示が義務化されました。それに呼応するように、東京証券取引所などでも「コーポレートガバナンスの状況」の開示の充実化が図られています。コーポレートガバナンスの状況の主な開示内容は次のとおりです。

- 内部監査などの状況として、内部監査および監査役（または監査委員会）監査の手続きの概要（監査に係る組織、人員についての記述を含む）、ならびに内部監査、監査役（または監査委員会）監査および会計監査の相互連携の概要
- 社外取締役および社外監査役と会社との人的関係、資本的関係または取引関係、その他の利害関係の概要
- 会計監査の状況として、関与した公認会計士の氏名、監査法人への所属および監査継続年数、会計監査業務に係る補助者の構成、監査証明を個人の公認会計士が行っている場合には会計監査業務に係る審査体制の概要

　会社法では、コーポレートガバナンスの状況に関連性の高い内部統制に関する決議内容を事業報告書に開示することが義務づけられました。

参考文献
宮内義彦：『経営論』、東洋経済新報社、2001年。
丹羽哲夫：『図解でわかる執行役員制』、日本能率協会マネジメントセンター、2000年。

キーワード

グループ経営
Group Management, Group Governance

グループ経営とは

　グループ経営とは、企業グループ（企業集団）の全体最適を志向する経営戦略とそれを支えるマネジメントを意味しています。資本の論理からいえば当然すぎる定義です。しかし、従前の日本的経営の下では「グループ経営」があまり意識されてきませんでした。

グループ経営の必要性

　近年、日本企業でも企業グループ内で企業同士の統合やグループ外への売却などの事業再編が相次いでいるとともに、グループ経営の重要性が増してきています。この背景には以下のような点が考えられます。

① 法令・規制などの改正の背景
- 2000年の会計ビッグバンから連結情報がディスクロージャーの中心となったこと
- 税制面でも、2002年税制改正により、連結納税制度が導入されたこと
- 1997年に独禁法改正で純粋持株会社が解禁されたのをはじめ、2000年の商法改正、2006年の会社法の施行などにより、さまざまなグループ管理の仕組みの導入が可能となったこと
- 特に、会社法が求める内部統制の基本方針に関する取締役会で決議すべきもののなかに、グループ経営管理に関する事項が明定されたこと

② 企業グループ全体の最適経営からの必要性
- バブル崩壊後、日本企業は「選択と集中」によるグループ事業再編の必要性に迫られており、グループ事業の強み・弱みの明確化や事業領域の重複と不足の解消などによって、グループの全体最適の視点が求められるようになってきたこと
- 執行役員制度やカンパニー制度など、権限委譲の範囲の拡大により、意思決定のスピードアップが必要視されてきているなかで、ガバナンス機能の弱体化が露呈してきており、企業グループ全体でのコーポレートガ

バナンスとグループ会社の監視機能強化が社会や投資家からも求められていること

グループ経営の内容

グループ経営の本質は、①親会社・本社がグループ全体の理念・戦略を明示し、各グループ企業が課された役割を果たせるように人・物・金・情報といった経営資源を効率的に配分すること、②その成果を事業単位で評価し、モニタリングすること（グループ全体でPDCAを推進すること）、の2点にあります。

グループ経営確立のために必要な施策

適切なグループ経営を確立するためには、次の施策が必要となります。

① グループ経営ビジョン、グループビジョンを策定し、浸透させる。

② グループ戦略を明確にし、グループとしての事業領域、コア事業と非コア事業の区分、事業を客観的に評価する指標などを明確にするとともに、重複事業の整理、グループ内バリューチェーンの最大化を目指した統廃合の検討など、経営資源の最適化を図る。

③ グループ会社を機能子会社と事業子会社とに分類し、各社の経営ミッションを明確に定める。

④ グループ資本政策、関係会社への出資方針を明確にする。

⑤ グループとしての本社機能（グループ戦略策定、グループ業績管理、グループ人事）を確立し、グループ各社の戦略上の位置づけ（コア・非コア事業）と意思決定の権限委譲とを整合させ、親会社の事業部門とグループ会社間で役割分担、責任と権限の範囲を明確にさせる。

⑥ 管理機能の「集中と分散」の考え方を明確にし（本部集中管理か、分散管理かなど）、グループ管理の基本的な枠組みを確立させる。

⑦ 以上をふまえ、グループ各社の管理機能・組織形態の分類などを決める。

⑧ 連結予算管理を徹底し、グループ本社とグループ会社間のコミュニケーション、適切な予算編成プロセスなどを図る。

⑨　グループ業績評価制度を確立するべく、評価体系と評価基準の設定（グループ戦略、各社ミッションと役割・課題、評価基準との整合性など）や適正な運用を図る。

⑩　人材マネジメントの適正化を図るべく、親会社の人事制度の調整口となる受け皿としての子会社や、親会社からの一方通行的人事などの弊害を排除する。そして、グループ内の人材流動化（出向・転籍などの異動ルールの標準化、グループ全体を対象とした公募など、人材登用の制度化、グループ共通の教育研修の実施など）を行い、人事制度の見直し、共通の人材キャリアパスの確立を目指す。

今後の展開

　いわゆる日本版SOX法と呼ばれる財務報告に係る内部統制の評価及び監査制度の導入により、グループ各社における内部統制が会計監査人によって評価・監査されることでしょう。この内部統制監査の進展にともない、グループ経営のあり方に一石が投じられる可能性のある企業は多いのではないでしょうか。

　内部統制の評価・監査を通じて、前述した「グループ経営の確立のために必要な施策」の10のステップの必要性の認識が高まるものと考えられます。

参考文献
寺澤直樹：『グループ経営の実際』（日経文庫）、日本経済新聞社、2000年。
武藤泰明：『持株会社経営の実際』（日経文庫）、日本経済新聞社、2003年。

ステークホルダー
利害関係者
Stakeholder

キーワード

ステークホルダーとは
　ステークホルダーとは、企業活動と関連するあらゆる関係者を指します。一般的には次のような立場の者が企業にとってのステークホルダーの例とされます。

- ・株主などの投資家
- ・従業員
- ・顧客
- ・取引先
- ・債権者
- ・取引銀行
- ・規制当局
- ・マスコミ
- ・社会全般
- ・同業他社
- ・業界団体
- ・地域社会
- ・住民
- など

企業経営とステークホルダー
　企業を運営するにあたり、本質的に、経営者が株主のために企業経営を行っているかということは非常に重要です。株主価値や企業利益の最大化を目指し、適正な税金の負担、雇用の確保、従業員や取引先への適正な対価の支払いなどを行うことが、企業の大きな役割です。昨今の企業の社会的責任論の高まりにより、経営者が社会・株主を含むステークホルダーに十分に配慮した企業経営を行っているかということもまた重要視されてきています。
　各ステークホルダーとの関係を考慮した企業経営が必要だと考えられるようになった背景には、企業の不祥事などの発生原因が、利益のみを追い求める経営者中心の企業経営にあるとの問題意識が強まり広まってきたことがあります。最近、企業が社会的な価値観や倫理観に背くことになる判断や行為を行った場合、信頼が失墜し、その企業の価値が一瞬にして無になってしまうような例も少なくありません。
　また、企業の環境問題への取組みや社会貢献などの活動に対するステークホルダーの関心も高まってきています。

企業ブランド価値とCSR経営におけるステークホルダー論
　不祥事対応などの受身的な発想によるコンプライアンスやリスクマネジメント、余剰利益の一部を寄付するような社会貢献などのように、義務的に企業とステークホルダーとの関係を理解するのではなく、むしろ積極的にステークホ

ルダーと企業の関係を理解する議論も高まっています。企業ブランド価値とは、株価総額そのものではなく、広くステークホルダーからの評価・評判・支持などに強く影響を受けるものだからです。

経済同友会では、2003年3月に発表した『第15回企業白書』において「社会的責任経営」の実践を提唱しました。そこでは、CSR経営を「様々なステークホルダー(顧客、株主、従業員、将来の世代、地域社会など)を広く視野に入れながら、企業と社会の利益をその時代の社会ニーズを踏まえて高い次元で調和させ、企業と社会の相乗発展を図る経営のあり方」と定義づけ、CSRの実践例として、次のような例を示しています。

- 環境保全や環境に配慮する製品・サービスの開発を積極的に行うことによって、それらが直ちには利益に結び付かなかったとしても、消費者の環境意識の変化を促し、やがてはそれがコスト削減やビジネスチャンス拡大につながり、先行して培った技術力やブランド力が企業の競争力となる。
- 性別・年齢・国籍にかかわらず多様な人材を登用し、従業員が働きやすく、意欲が高まるような環境や制度をつくることによって、少子高齢化社会や自立した個人を基本とした社会における雇用のあり方を企業側から率先して提示していけば、それが優秀な人材を継続的に確保することにもつながる。

そして、経済同友会では、CSRを事業の中核に位置づけるべき「投資」と位置づけています。すなわち、CSRがフィランソロピーやメセナといったいわゆる「社会貢献」とは少し次元が違うものであり、またCSRは狭義の意味でのコンプライアンス(法令等遵守)という義務的なものではなく、事業の中核に位置づけるべき投資であり、将来の競争優位を獲得しようという能動的なものであるとしています。

このように、企業が経済活動だけでなく社会的責任を果たすことが、企業経営において欠かすことのできない重要な要素になっています。企業が持続的に

成長していくためには、各ステークホルダーの期待や関心を的確に把握し、それに応えていくことが必要です。

企業のステークホルダーへの対応方針としての「行動規範」等

　ステークホルダーとの関係を意識した取組みの一例として、最近は、「行動規範」等の策定が挙げられます。すなわち、企業と各ステークホルダーとの関係においてどのような対応方針で行動すべきかということを考え、文書化している企業が増えてきています。そこでは、各ステークホルダーとの関係で、どのようなリスクや問題が発生する可能性があるのかを把握・評価することも重要となります。

　また、各ステークホルダーとの関係について、内部統制・コンプライアンス体制の整備状況、環境問題への取組み、人権問題や取引先との関連における課題の取組み、社会貢献活動への取組みなどを、「CSR報告書」などとして、積極的に社外に開示している企業も増えています。

キーワード

アカウンタビリティ
説明責任
Accountability

アカウンタビリティとは
　アカウンタビリティ（説明責任）とは、あらゆる組織体において権限を有する者が自ら行った結果、または行うべきことを怠ったことが招いた結果について、合理的な説明を行う責務を意味します。

アカウンタビリティが重視されている背景
　近年、日本企業の不祥事が発覚するたびに、その企業におけるコーポレートガバナンス、アカウンタビリティの欠如がマスコミなどによって指摘され、そのような企業は社会から厳しい評価を受けるようになりました。アカウンタビリティは日本の企業経営においても重要視されています。

組織体の健全性を維持するためのアカウンタビリティ
　企業がその健全性を維持するために、また企業の社会的責任を果たすうえで、その構成員たる経営者・管理者・従業員などには自らの職務を果たすだけでなく、自らの活動の結果に関する「アカウンタビリティ」を果たすことが求められます。企業社会は対外的にも社内的にも委託－受託の関係の連鎖であり、「受託者のアカウンタビリティ」と「委託者自身のモニタリング」によって成立しています。

　対外的には、経営者が適正な財務諸表の開示、有効な内部統制システムの構築、監査の実施などにより、株主などに対する「アカウンタビリティ」を果たす必要があります。

　社内的には、経営者から権限委譲された管理者・従業員などが、経営者に対する「アカウンタビリティ」を果たすことが要求されます。

- 経営者は、経営計画・経営戦略などや基本方針の策定を管理者に指示し、経営会議や通常の報告経路などにより、管理者の行動・活動などを監督することになります。この場合、権限委譲された管理者は自ら「アカウンタビリティ」を果たすべく適切な報告や内部監査などへの対応が求められます。
- 管理者は、経営者の指示または権限委譲にもとづき、計画（戦術）を立

てその実施を担当者に指示するとともに、担当者から受けた報告を評価したうえで、経営者に報告します。業務執行において、上位の管理者は下位の管理者に対して、ある行動・活動などを実行する権限を委譲します。しかし、それによって委譲者である上位の管理者の責任は軽減されません（実行結果に関する責任、すなわちアカウンタビリティを負う）。

「部下を信用して任せる（I trust you & Trust me）」という日本の習慣は、ややもすると企業社会においても、「お前を信じている（I trust you）」「私を信じてお任せください（Please trust me）」の文化になりがちです。例えば、「結果的に部下から何も報告がないから問題は生じていないはず」＝「私には責任はない」というのは大きな勘違いです。これでは委託者（上司）もモニタリングしていないし、受託者（部下）もアカウンタビリティを果たしていないことになります。

透明性がますます求められる企業経営において、今後、社内外でより一層適切なアカウンタビリティを履行することが重要となります。

キーワード

リスクマネジメント
Risk Management

リスクマネジメントの体制
　リスクマネジメントは、会社の活動に関連するリスクの認識・測定、コントロールの実施とその有効性に関するモニタリングなどの取組みをとおして行われます。このような取組みを円滑に進め、経営上で有益な活動とするためにリスクマネジメントの体制整備が必要となります。リスクマネジメント体制には、その企業のリスクマネジメントに対する方針・規程などのルール、リスクマネジメントの推進を分担する組織・担当者などの体系的な整備が含まれます。このような形式的な要素だけでなく、この体制を実際に有効に機能させるための仕組みを備えることが大切です。つまり、リスクマネジメントの基礎となるリスクに対する姿勢、対応活動の仕組みなどを確立し、リスクマネジメントが自律的に機能できるマネジメントサイクルとしての"態勢"が必要となります。

リスクマネジメント体制構築の必要性
　企業を取り巻く外部環境が激変するなか、敵対的企業買収提案を突然受ける可能性、一つの不祥事が連鎖反応的に企業グループや業界のブランドイメージに多大なダメージを与える可能性など、企業は今までとは比較にならないほどのリスクにさらされています。このような不確実な要素をはらんだ環境の下で、企業の経営者はより一層高度なリスク対応を迫られています。
　仮にリスクが顕在化して事故や不祥事などが発生した場合、経営者は結果としての損失に対する責任はもちろんのこと、リスクマネジメントが不十分であったことに対しても厳しい世評を受ける時代です。ステークホルダーが期待する企業価値の向上を目指す企業にとっては単なる体制の整備にとどまらないリスクマネジメント態勢の構築が、これまで以上に必要になっています。

リスクマネジメントに関連する組織
　これまで、リスクは各担当部署が個別に認識、対応、管理していました。しかし、最近では、リスクはあらゆる企業活動に付随するものとして、企業の構成員すべてに認識されるべきであると考えられるようになってきました。この結果、企業の目標達成のためのリスクマネジメント活動は、全社的な課題とし

て実施されることが求められるようになっています。

　リスクマネジメントの組織として、どのような組織形態が最適かという課題について、統一的なモデルが定着しているわけではありません。例えば、『先進企業から学ぶ事業リスクマネジメント　実践テキスト』（経済産業省経済産業政策局産業資金課（編）、2005年3月）では、「リスクマネジメント活動そのものを実施する主体はあくまでも各部門や部署」であるとしながらも、「経営トップ（経営会議メンバー及び取締役会メンバーを指す）の中からCRO（Chief Risk Officer）が選任され、CROを委員長とするリスクマネジメント委員会を設置」し、「当該委員会は全社のリスクマネジメントに関する承認、諮問機関として各部門や部署のリスクマネジメントを統括」するとして、リスクマネジメントの組織体制の構成要素を説明しています。

　リスクマネジメントの担当組織を設置する場合、現場が主体となるリスクマネジメント活動にかかわる情報を集め、それらの情報を経営者レベルで一元管理できる全社横断的な情報体系の整備が重要となります。この情報体系が整備されると、リスクマネジメントの情報は経営上の課題に対するタイムリーな意思決定に貢献できるようになります。

　リスクマネジメントを構成する一般的な組織体制としては、次のような組織と役割があります。

① 　CRO（チーフリスクオフィサー）
　CROとは、企業のリスクマネジメントの統括に責任をもつ上級経営者であり、効果的なリスクマネジメントを指向する企業においては重要な役割を果たします。企業の業務執行にかかわる意思決定に大きな影響力をもつ役員がCROに任命され、明確な権限をもったリスクマネジメントの責任者の設置による全社横断的なリスクマネジメントが可能になります。

② 　リスクマネジメント委員会
　リスクマネジメント委員会は、一般的に、各部署からのリスク情報の報告やリスクマネジメント計画、コントロールの不備に関する改善計画などについて

の審議機関として設置されています。リスクマネジメント委員会は、これらの審議結果を経営者に報告することにより、経営者の意思決定をサポートします。

立体的なリスクマネジメント

あらゆる業務プロセスに潜在するリスクが適切に認識され、企業目的達成のためのリスクマネジメント活動が全社的に実施され、リスクの全体最適を図る考え方があります。このようなリスク全体最適を実現するためには、リスクの構造的な管理が効果的です。リスクの構造的な管理とは、リスクに対する取組みを社内の特定部署に限定せず、社内の各部署が役割に応じて活動を分担する全社的な取組みにすることです。

リスクマネジメントの活動を構造化すると、経営者層、各本部管理部門、事業部門・子会社などの各階層がリスクの認識・測定からモニタリングまでのリスクマネジメントプロセスを実践します。つまり、各事業部門や子会社はリスクに対する1次的な防御を果たします。次に、2次的な防御として、企画管理部門などの社内の専門的な部署が1次防御のリスクマネジメント活動が適切に機能しているか、リスクの見落としなどの観点からモニタリングし、適宜サポートします。さらに、内部監査部門などが独立的な立場から、リスクマネジメントの仕組み全体をモニタリングする3次防御があります。このようにリスクマネジメントに対する関与を1次から3次まで立体的に組み立てることにより、強固なリスクマネジメント態勢を機能させることが可能となります。

立体的なリスクマネジメント設計上の留意点

リスクマネジメントを立体的に設計する場合、自社の特徴に応じて役割分担に強弱が生じることがあります。例えば、本社よりも伝統的に会社の活動の中心となっている工場における管理活動の整備に力を注いでいるような1次防御のリスクマネジメントが強力な会社を想定してください。このような会社では、2次防御および3次防御があまり強力でないとしても、会社全体としてはリスクを十分にコントロールできるかもしれません。一方、新規に事業を立ち上げたばかりで、現場は生産・販売といった業務活動の遂行自体に追われてリスク

マネジメントの取組みが不十分な会社もあるかもしれません。このようなケースでは、現場でのリスクの見落としを防ぐために2次防御でのリスクマネジメントを強化すること、また1次防御と2次防御がバランス良く機能していることについて内部監査部門がモニタリングを徹底することにより、会社全体では十分なリスクマネジメントを確保できるかもしれません。

　このように全体としてのリスクマネジメントのレベルを確保できるようにバランスを考慮して設計することが、現実的かつ会社にとって最適なリスクマネジメントの整備につながります。すべての局面で強力なリスクマネジメントを設計することは理想的ではありますが、投入できる経営資源を考慮すれば実現が難しいことが多いと思います。自社の管理活動における歴史、風土、ガバナンスなどの特性を分析して、どこに重点をおいたリスクマネジメントを構築するか決定する必要があります。

【立体的リスクマネジメントのイメージ】

キーワード

リスクの棚卸と評価
Risk Profiling

リスクの棚卸と評価とは

　リスクの定義は多数ありますが、経済産業省の『リスク新時代の内部統制』によると、「狭義には「企業活動の遂行を阻害する事象の発生可能性」と捉えられるが、近年では、より広く「企業が将来生み出す収益に対して影響を与えると考えられる事象発生の不確実性」として、むしろ、企業価値の源泉という見方で積極的に捉えられるようになってきている」と定義されています。このように、企業価値に対して影響する不確実性を企業にとってのリスクとする解釈が一般的となっています。

　リスクの棚卸と評価とは、企業がさらされているリスクを認識・測定し、さらに評価・分類することです。そこで取り扱うリスクには、過去に発生したタイプだけでなく、将来発生するかもしれない潜在的なタイプも対象に含められます。リスクマネジメントとリスクの棚卸と評価の関係は、リスクマネジメントに関する方針、組織、計画などがリスクマネジメントの枠組みであり器であるとすると、リスクの棚卸と評価をとおして把握されるリスク情報はリスクマネジメントの内容であり中身となります。

【リスクの分類】

外的要因
内的要因

戦略	オペレーション	財務
	プロセス	
	経営情報 / 資源 / コンプライアンス / 技術	

リスクの棚卸方法については、一般的に認められた特定の手法が確立しているわけではありません。多くの場合、企業を取り巻く経済状況、市場、規制等の外的要因と、企業内部の仕組みやビジネスプロセスといった内的要因にもとづいて、事業目的の達成に関する不確実性としてのリスクを抽出する手法があります。さらに、自社に影響を与える重要なリスクを漏れなく特定するため、図のようなリスク分類フレームワークを使用した分析手法もあります。このようなフレームワークの利用ではリスクの源泉を体系的にとらえるうえで有効です。

リスクの棚卸と評価のプロセス

リスクの棚卸と評価は、例えば、次のようなプロセスで実施されます。

① 企業戦略分析

企業戦略分析では、リスクの棚卸と評価の際に重点とすべき領域を定め、また適切な評価手法を決定するため、企業戦略や企業目的を分析します。ここでは、企業戦略や目的のほか、外部環境の変化の傾向、重要な成功要因（Critical Success Factor：CSF）、リスク分類、主要業績管理指標（Key Performance Indicator：KPI）などが明確にされます。

主要業績管理指標には、社内のビジネスプロセスに関する指標のほか、外的要因によるリスクの影響度や、それらが社内のリスク欲求やリスク許容限度（リスクポートフォリオ参照）にどのような影響を与えるかを吟味するために必要な指標などについても情報が収集され、使用される場合もあります。

② ビジネスプロセス分析

ビジネスプロセス分析では、企業目標・企業戦略を達成するために不可欠な主要ビジネスプロセスに潜在するリスクの特定や、特定されたリスクを低減するコントロールの整備状況を確認します。ここで実施された分析をもとに次のステップであるリスク評価が実施されます。

③　リスク評価

　ビジネスプロセス分析により把握されたリスクを分析し、主要リスクの重要度を評価します。一般に、リスクは企業活動に与える重要性にもとづき評価されますが、この重要性は影響度（または顕在時のインパクト）と発生可能性（または発生頻度）で評価されます。また、コントロールの効果との関係から、リスクは、グロスリスク（gross risk、固有リスクともいう）および残余リスク（residual risk、残存リスクともいう）に大別されます。グロスリスクとは、コントロールしていない場合のリスクの評価であり、残余リスクはコントロール後にも残っているリスクの評価です。

　このようなリスク評価（数値化）の手法は、定量的評価と定性的評価に区分されます。定量的な評価は、過去に顕在化したリスクのデータが入手可能な場合、また合理的に発生頻度とリスク顕在時の影響度を見積もることができる場合に実施可能となります。

④　コントロール策定

　コントロール策定では、リスク評価結果にもとづき残余リスクが高すぎる部分について優先度を考慮して、コントロールを策定します（**リスクポートフォリオ参照**）。

⑤　リスクマネジメント態勢の継続的改善

　これまでのリスクの棚卸と評価プロセスの結果から把握したリスクマネジメント態勢の改善点を整理し、リスクマネジメントの管理サイクルを、自立的かつ継続的な強化につなげます。

【リスク棚卸・評価プロセス(例)】

①企業戦略分析	②ビジネスプロセス分析	③リスク評価	④コントロール策定	⑤リスクマネジメント態勢の継続的改善
リスク評価と対応策を策定するために企業戦略、重要な成功要因、リスク分類、および主要業績管理指標などを明確にします。	企業目標・企業戦略を達成するために不可欠な主要ビジネスプロセスに潜在するリスクおよびそのリスクを低減するコントロールの整備状況を確認します。	リスクを分析し、主要リスクの重要度を評価します。	リスク評価結果にもとづき残余リスクが高すぎる部分について優先度を考慮して、コントロールを策定します。	リスクマネジメント態勢の改善点を整理し、継続的な強化につなげます。

リスクの棚卸と評価の留意点
(1) リスク棚卸の留意点

　企業価値に対して影響する不確実性としてリスクを定義する場合、大小さまざまなリスクが認識され、測定と併せた作業負担が膨大になる傾向があります。リスクマネジメントに関する過大な作業は、作業効率の悪化さらには作業の頓挫という事態を招きかねません。このため、リスクの棚卸と評価では、明確なリスク分類下での効率的な作業を目指すことが大切となります。

　リスクの棚卸と評価により重大と評価されたリスクのリスク分類を分析することで、どのような性質のリスクがもっとも重要であるか、またコントロールを強化しなければならないリスクは何か、企業全体の視点から把握することができます。また、企業の事業内容を勘案して、リスクの分類項目自体の漏れ、または偏りについて継続的に見直すことにより、リスクの棚卸と評価の網羅性を確認することも可能です。

　リスク分類の手法は多様であり、自社の分類を検討する過程では、常に自社および自社が属する事業の特性を勘案し、分類項目を慎重に検討する必要があります。

(2) リスク評価の留意点

　コントロール策定およびリスクマネジメント態勢の継続的改善を効果的に進めるためには、リスク評価プロセスにおいて、リスクマネジメントの目的の達

成を測定できる定量的な要素も含めたリスク評価が必要となります。過去にどのような頻度でどのような影響度のリスクが発生したかというデータを統計的に処理することで、将来のリスク発生の予測に活用していくこともできます。現実的にこのようなデータを入手できない、あるいはデータ処理に時間・コストがかかり効率的でない場合は、定性的な手法により評価することになります。

　定性的な評価は、感覚的・主観的になってしまう懸念があるため、客観性を確保できるような工夫が必要となります。例えば、リスク発生の影響度・発生可能性に関する基準を策定し、各リスク評価者は共通の理解をもち評価を行うとともに、第三者が評価内容をチェックすること、あるいはワークショップを開いて多人数で同時に評価することなどが有効と考えられています。

リスクの棚卸と評価から期待される効果

　このようにリスクの棚卸と評価作業は、企業がさらされているリスクを特定し、文書などに可視化したうえで評価することを意味します。この作業をとおして、担当者レベルで認識されていたリスクが、経営者にとってのリスクの情報となります。経営者は、可視化されてリスクの情報を集約することで、管理が必要なリスクを特定し、コントロールをタイムリーに実施することができるようになります。

　企業の経営資源には限りがあるため、コントロールのために投入する資源は、重要なリスクに対し重点的に配分することが必要です。リスク評価はその資源配分の重点付けの判定のために有用な情報を提供することになります。通常は、影響度・発生可能性ともに大きいものが重大なリスクとして抽出されるため、そのリスク評価結果を経営上の意思決定に利用することが可能となります。

　また、定期的に棚卸したリスクのコントロール状況のモニタリングを行い、改善を図ることによって、環境変化にともなう新たなリスクへ対応することが可能となります。このような一連の作業を継続的に実施することにより、組織の構成員すべてがリスクマネジメントの責任・役割をもつという認識を向上させることも期待できます。

リスクポートフォリオ
Risk Portfolio

リスクポートフォリオとは

　リスクポートフォリオとは、認識したリスクをリスクマトリクスで一括して把握し、さまざまなリスクをポートフォリオによって管理する考え方です。ここで使用するリスクマトリクスは、リスクの発生可能性を縦軸、リスクが顕在化した際の影響度を横軸としたものです。

　リスクマトリクスにリスク許容限度（またはリスクトレランス）とリスク欲求（またはリスクアピタイト）を設定することにより、ポートフォリオとして管理すべき範囲を特定することができます。リスク許容限度とは、企業として受け入れることができるリスクの限界レベルを意味します。つまり、リスクマトリクス上でリスク許容限度以上（リスク許容限度よりも右上）に位置するリスクは会社として受け入れることができないリスクであり、何らかのコントロールにより低減することが必要となります。

　一方、コントロールに係るコストや労力などを勘案した場合、さらなるコントロールの実施は避けてリスクを受け入れるというレベルがリスク欲求です。コントロールに投入できる資源に制約がある場合、リスクマトリクス上でリスク欲求以下（リスク欲求よりも左下）に位置するリスクはさらなるリスク低減のためのコントロールは実施しないほうが経済的であることになります。

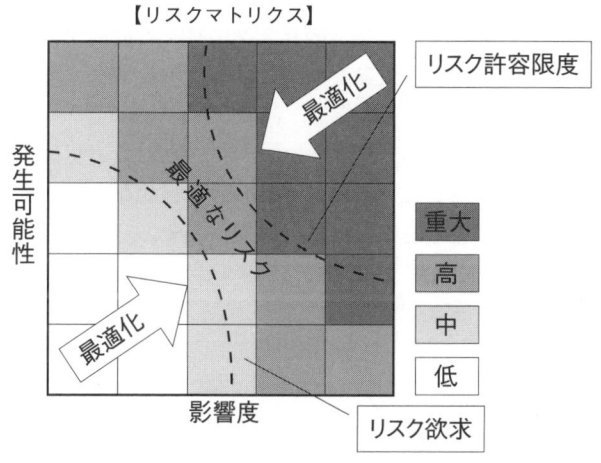

発生可能性はリスクに該当する事象が実際に発生する確率・頻度を意味します。例えば、債権が回収不能となるリスクであれば、債権の取引先総数に対する実際に回収不能となった件数の割合などで表し、百分率（パーセント）にて評価されます。また、日次、月次などの発生頻度による表現で可能性を評価することもできます。ただし、計量的にデータを捕捉することが実務上は困難な場合も多くあり、その場合は定性的な基準を設定して発生の頻度を表すことになります。

　一方、リスクが顕在化した場合の影響度は、一般的に損失金額を想定して評価することが多くなっています。先述の債権回収のリスクの例で考えると、回収困難となる債権金額を影響額として評価します。ただし、この影響額についても定量的な把握が困難な場合、事業にどの程度深刻な影響を及ぼすかの観点から定性的に評価することになります。

リスクポートフォリオ導入のメリット

　リスクポートフォリオによりリスクを管理することで、棚卸されたリスクを会社全体（グループ全体）の視点から鳥瞰することができるようになります。つまり、同じ尺度のリスクマトリクスの上にすべてのリスクをおいて重要性を判断するため、どのリスクへの対応を優先し、どのリスクの対応を控えるかの判断ができます。これにより、個々のリスクに対する最適化ではなく、会社全体としてのリスクへの対応を最適な状態に近づけるリスクマネジメントが可能となります。

　このような会社全体でのリスクとコントロールの最適化は、限られた経営資源を効率的に活用することを意味しており、全社的なリスクマネジメントを実現するうえで大切な役割を果たすことになります。

内部監査
Internal Audit

内部監査とは

　内部監査とは、企業内部において、業務の執行部門から独立した立場の社内リソースが、業務執行の戦略・目標に関する達成状況、取組み、課題などをモニタリングする機能です。公認会計士による会計監査等のように外部者が実施する"外部監査"との対比から、"内部監査"と呼ばれています。

　日本公認会計士協会の監査基準委員会報告書第15号『内部監査の実施状況の理解とその利用』(2002年12月) においては、内部監査を「主として独立的評価による監視活動として機能し、内部統制が有効でかつ効率的であるかどうかについてこれを継続的に監視するために、内部統制の整備状況を評価し、運用状況を検証して、内部統制の改善に関して助言し、勧告すること等を業務とする」と定義し、「内部統制の構成要素である監視活動における主要な機能の一つ」であるとしています。また、内部監査に通常含まれる活動として、次の3点を挙げています。

　① 財務情報および業務情報の信頼性の評価
　② 業務の経済性、効率性および有効性の評価
　③ 法令、規則、その他の規制、経営方針などへの準拠性の評価

　最近の内部監査実務では、財務諸表の適正性を主眼とした「会計監査」や法規・規程への準拠性を主眼とした「業務監査」といった従来型の内部監査から、経営戦略の展開や顧客満足なども監査領域に含めた経営アドバイス指向の強い「経営指向の監査」に目的を移行しつつあります。

内部監査の動向

　昨今、日本企業の間でも内部監査機能への注目度が増し、内部監査部門を強化する企業が増えています。その流れを総括すると以下の4点にまとめられます。

① 企業経営全体のモニタリング機能としての位置づけ
　会社法において、内部統制システムの構築の基本方針が取締役会の決議事項として定められたことにも見られるように、企業経営の監視機能の強化が社会

的なテーマとして取り上げられています。このような状況下、経営のモニタリング（監視）を果たす重要な機能として内部監査機能が強調されています。経済産業省のリスク管理・内部統制に関する研究会の報告書『リスク新時代の内部統制』（2003年6月）においても、内部監査が「事業活動の遂行や内部統制の構築・運用が経営者の示した方向性に適合しているか否かを確認する上で重要な役割を担っている」とされています。

② リスクベースの監査の拡大

　内部監査の進め方も大きく変化しています。従来型の内部監査では、チェックリストなどを用いることで、できるだけ満遍なく監査領域を対象範囲に含める手法が採用されたり、また設定された監査課題についてのテーマ監査が展開されていました。最近では、内部監査の効果・効率を高めるために、よりリスクの高い監査領域に優先的に監査資源を投入するリスクベースの監査を試みる企業が増えています。

③ グループ会社への監査範囲の拡大

　近年、子会社の不祥事によりグループ全体の企業価値が失われるような事件が発生しています。これには、財務報告も連結ベースとなり、「グループガバナンス」に対する市場からの要望の高まりも関連していると思われます。このような状況の下で、グループ全体の経営監視機能として、内部監査はさらに注目を集めるようになっています。

④ 日本版SOX法対応における内部監査機能の強化

　財務報告に係る内部統制の経営者による評価が求められる日本版SOX法への対応においても内部監査機能の強化を計画している企業が増えています。各統制実施部門・部署に内部統制の整備・運用の日常的評価とモニタリングを求めると同時に、独立的評価およびモニタリングの責任を内部監査部門がもつことにより、内部統制の管理体系を強固にしようとする企業が増えているからです。

CSA
（統制）自己評価、自己査定、自己点検、自己監査
Control Self Assessment

> キーワード

CSAとは
　CSAとは、コントロール・セルフ・アセスメント（Control Self Assessment）の略であり、リスクマネジメントまたは内部統制等に関する統制活動の有効性について、業務運営のなかで統制活動を担う人々が自らの活動を主観的に検証・評価する手法です。内部監査や外部監査のように独立した「第三者」が客観的に評価するのではなく、リスクに対するコントロールを実際に維持・運用している人々自身が、その有効性について評価・分析も行うことが特徴となっています。

CSAが発展した背景
　ビジネスの拡大や複雑化にともない、内部監査の対象領域が拡大化・専門化する一方で、内部監査部門の資源（人員、時間、専門知識・能力など）には限界があります。そこで、組織全体にわたるコントロールの有効性を確保する内部監査の補足手段として、CSAの手法は欧米を中心に利用されてきました。また、全社的リスクマネジメント態勢の構築・整備を進めるなかで、特に現場におけるリスク管理・危機管理の手法の一つとしてもCSAが用いられるようになりました。
　近年、日本企業でもリスクマネジメントや内部統制の意識が高まるにつれて、CSAの導入企業が増えています。

CSA導入のメリット
　CSAは単なる内部監査の補足手段として機能するだけでなく、次のようなメリットも期待できます。そのため、組織全体のコントロールを強化するために有効な手法であると考えられています。

- 自らの活動を自己評価することから、コンプライアンスやリスクマネジメントの評価作業の一環として利用できる。
- コントロールに関する中間管理者・担当者の理解・意識づけや教育・訓練に役立つ。
- 現場から経営者層への報告ラインを活性化し、リスク情報やコントロー

ルの評価・分析結果情報を経営者層に提供できる。

CSAの手法

　CSAにはさまざまな手法・ツールが用意されています。それらは、ワークショップやグループディスカッションなどによる「セッション型」と、チェックリストやアンケートを用いる「質問書型」の2つに大別することができます。両者には以下のような特徴（メリット・デメリット）があります。

	セッション型	質問書型
メリット	●責任者から担当者まで 幅広くリスクに対し同じ認識をもつことを確認できる ●リスクのみならず組織、企業風土、業務プロセスなどに関して幅広い取組みが可能となる ●セッション内で、より具体的・効率的にコントロールを検証し、評価内容を確認することができる	●関係者同士の意見や時間などの調整が不要なため、セルフアセスメントのサイクルをスムーズに行うことができる ●内部監査部門がCSAの実施結果を補完して内部監査を実施することにより、内部監査の効率化につながる。また、業務の専門知識を保有する者により評価が実施され、それを内部監査に活用することにより、内部監査の高度化を図ることができる ●標準的な質問書を全社に配布、回答してもらうことにより、全社展開を容易にでき、サンプル件数を多くとることができる。回答をデータベース化することにより、全社的な分析が容易となる
デメリット	●関係者全員の日程・都合を調整する必要があり手間がかかる。そのため、回数や参加者も限定されやすい ●単に話合いの場を提供するだけに終わらないよう、投票やグループごとのリスクマップの作成など、進め方の工夫が必要となる。ファシリテーターの能力も求められる	●問題となるリスクの評価やコントロール手法に対して関係者のコンセンサスを得るための配慮が必要となる ●個別に評価され、取り上げられた問題について、会社全体としての重要性の評価が困難となる場合がある

	セッション型	質問書型
適用目的／適用例	【一般的に、業務プロセスレベルでコントロールの内容などを具体的に確認する目的において有効である】 ●リスク評価やコントロール手法の決定に際しての意見調整やコンセンサスの形成 ●コントロールの実施状況についての理解 ●メンバーのモチベーションの向上	【一般的に、総合的な傾向等を会社レベルで分析する目的などにおいて有効である】 ●各事業部門・部署内におけるコンプライアンスの自己点検・自己監査 ●クライシスリスクの網羅的な抽出

　CSAを採用する際は、企業風土や企業が属する産業の特質、内部監査における課題の性質、CSAを採用する目的、対象者の特性などを鑑み、手法を適切に選択あるいは弾力的に使い分けることが必要です。これにより、CSAの目的の達成および必要な情報を的確に収集することが可能となります。内部監査部門の作業時間削減のみを目的としてCSAを実施すると、CSA本来のメリットを享受することができなくなる可能性があります。

キーワード

主要業績管理指標
KPI
Key Performance Indicator

主要業績管理指標とは

　主要業績管理指標（Key Performance Indicator：KPI）とは、重要な目標および戦略などの達成状況に相関性をもった数値であり、この数値を把握・分析することにより目標達成のために必要な対応を検討することができます。想定したKPIに対して予想外の数値が示されている場合、事業活動が目標達成に向かっていないことを意味しており、活動の修正が必要となります。

　このKPIは業績目標の達成だけでなく、リスクマネジメントなどのコントロール活動の有効性の確認にも利用することができます。つまり、コントロール活動の遂行（達成）状況やリスクの低減状況などについてKPIにもとづき分析することで、リスクに対するコントロールが有効であること、また会社が直面するリスクが許容範囲内にあることなどを確認できます。会社の目標および戦略に関連づけられた適切なKPIの設定とKPIを利用したリスクマネジメントの効果的なモニタリングにより、会社は目標を達成できる可能性を高めることができます。

リスクマネジメントにおけるKPI活用のポイント
(1) 会社目標と合致したKPIの設定

　これまでのKPIの利用においては、会社の目標および戦略レベルで設定されたKPIとその実行プロセスである日常的な業務処理レベルで設定されたKPIが、必ずしも明確に関連づけられていないケースがよく見られました。このケースでは、業務の現場で会社の目標が理解されないまま、日常的な業務において設定されているKPIの目標数値のみが追い求められてきました。その結果、会社としての目標の達成に寄与しないことがありました。

　KPI活用による便益を期待するためには、会社の目標・戦略にもとづいて各業務レベルの目標・戦略を設定し、その達成をモニタリングできるKPIの設定が必要となります。つまり、次の２つのKPIの関連を明確にします。
　　① 会社レベルでの業績やリスク管理状況のモニタリング用
　　② 各部門業務の実績やリスク管理状況のモニタリング用
　これにより、各部門における業務目標が全社的な経営目標・戦略と整合して

いるかどうかを確認します。これは、会社の構成員一人ひとりの業務目標を会社目標と合致させる有効な手段となります。なぜなら、会社目標と合致した各部門・部署および個人の目標を適切なKPIで管理することにより、社員の行動を会社戦略の達成にフォーカスさせることができ、目的・戦略のより確実な達成に会社を導くことができるためです。

例えば、顧客満足度の向上という企業目標を脅かすリスクとして、受注から納品までのリードタイムの遅れをリスクとして認識したとします。そして、会社として目標リードタイムを設定し、商品別平均リードタイムをKPIとして設定したとします。この会社目標を達成するため、受注を担当する販売部門においては、注文受付から受注入力までのリードタイムおよびリードタイムの遅れにつながる入力処理漏れ件数がKPIとして設定されます。また、納品を担当する物流部門においても、出荷指示から出荷までのリードタイムおよび出荷誤り・出荷漏れ件数をKPIとして設定します。このようなKPI管理の下で各部門は、会社の目標リードタイムの達成、ひいては顧客満足度の向上につながっていることを意識することができます。

(2) 実践可能なKPIの利用

現在のように会社を取り巻くリスクが多様化し、タイムリーなリスクの認識と対応が必要とされる状況では、KPIがタイムリーかつ正確な現状を表すこと、KPIの数値の意味を適切に理解すること、KPIにより必要なアクションを特定し実行につなげることが必要になります。アクションにつながらないKPIは、単なる数値でしかなく、意味がありません。会社が保有する情報を使用したタイムリーかつ正確な指標による管理が重要であると同時に、それを実現するための入手可能な情報の選択と実施可能な情報の収集手法の設定が大切です。また、数値の変動の意味（どのような状況を示唆するのか）について、あらかじめ理解しておく必要があります。それにより、必要なアクションを適時適切に実施することが可能となり、KPIをリスクマネジメントのために有効に活用することができます。

さらに、複数のKPIの組合せによる管理がより望ましいと考えられます。つ

まり、単独のKPIでは、ある現状の一局面をとらえているにすぎない可能性があり、複数のKPIを組み合わせて使用することにより、会社や事業が直面する現状を多面的にとらえることが可能になります。前述の例では、受注から納品までの商品別平均リードタイムが全社としてのKPIでしたが、各部門においては各リードタイムに加えて処理漏れ件数がKPIとして追加され、管理されています。これにより、各部門での処理漏れによるリードタイムの遅れの発生を管理することができ、必要な場合には、処理漏れを防ぐコントロールの設計が検討されることになるでしょう。

　このようなKPIの効果的な活用は、数値で可視化することによる目標の明確化のみならず、戦略的な目標達成の手段としての便益を生み出すことが可能となります。

BCM
事業継続マネジメント
Business Continuity Management

BCM（事業継続マネジメント）とは

　BCMとは、地震やテロ、取引先の倒産、大規模なシステム障害など、発生可能性が低いとしても、組織の存亡にかかわる大規模な脅威が、万一、発生した場合に、効率的に事業の継続性を確保する経営上の管理手法です。

　BCMに対する取組みは、頻発するテロや大規模災害などを契機に国際的にも注目されており、ISOでも標準化の議論が進んでいます。地震災害の多いわが国でも事業継続に関する指針として、内閣府や経済産業省などからガイドラインが公表されています。

BCMの体系的な整理

　BCMでは、不測の事態において組織が存続するために、何を諦め、何を生かし、そのために前もっていくら投資しておくべきかという経営上の戦略を始めに決定します。また、BCMを継続的に管理する体制も整備しなくてはなりません。企業の事業継続戦略を具現化するためには、事態の沈静化を目的とした危機管理計画、事業継続・復旧に関する手続きを示した事業継続計画、リソースの備蓄やバックアップに関する平時の手続きを記載したリソースバックアップ計画の3種類の文書を整備します。これらの文書は、前述の管理体制によって、PDCAサイクルにもとづき運用されます。

　この全体の枠組みを、事業継続マネジメント（BCM）と呼びます。

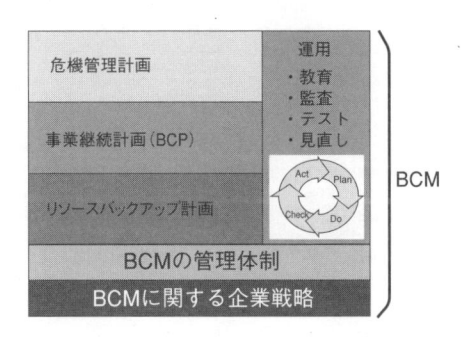

BCP
事業継続計画
Business Continuity Plan

BCP（事業継続計画）とは

　BCPとは、BCMに含まれる要素の一つであり、地震や火災など不測の事態の発生によって、業務遂行のためのリソースが強制的に制限されてしまった状況下で、重要な業務を継続するための手続きがまとめられた文書です。

BCPの策定手順

　BCPの策定では、始めにビジネス影響度分析（BIA）を行います。ビジネス影響度分析では、BCPの対象となる重要業務と復旧要件である目標復旧時間（RTO：Recovery Time Objective）、目標復旧レベル、目標復旧時点（RPO：Recovery Point Objective）を決定します。目標復旧時間とは、組織として中断した業務をいつまでに復旧させるかを示した指標です。目標復旧レベルとは、重要業務を平常時対比でどの程度の割合まで復旧させるかを示した指標です。目標復旧時点とは、事業中断時から遡ってどの程度、直前の状態まで戻す必要があるかを示した指標です。

【目標復旧時間、目標復旧レベル、目標復旧時点】

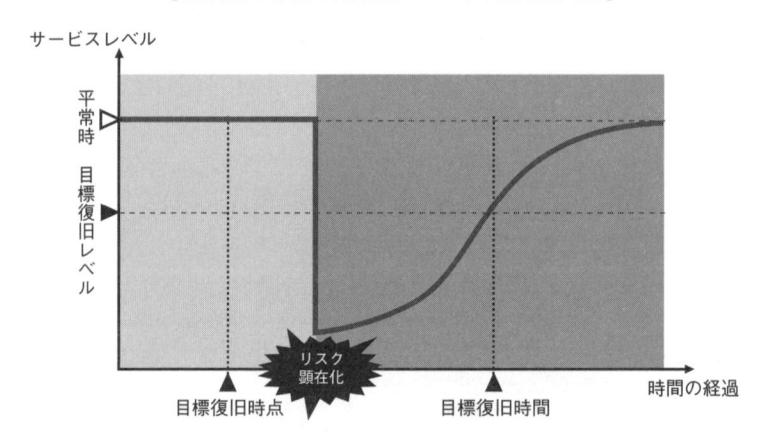

次に、リスクシナリオの策定を行います。リスクシナリオとは、BCPで想定する脅威（例えば、東京直下型地震や工場火災など）と、その結果生じる業務リソースのダメージ（例えば、建物への入館制限や製造ラインの一部焼失など）の組合せであり、BCPはこのシナリオごとに作成されます。

これら2つの分析結果にもとづき、リスクシナリオで想定した事態が発生した場合に、復旧要件に適した復旧作業をするための体制や手続きを検討し、文書としてまとめたものがBCPです。

復旧要件を満たす手続きを整備するためには、現状の設備やバックアップリソースに追加投資をする必要があるかもしれません。投資と損失の最適化を達成するBCPであるためには、BCP策定に経営者が積極的に関与し、経営的な視点から的確な判断をすることが求められます。

> BCPの目次例
> ① 対応体制
> ② 重要業務と復旧要件
> ③ 想定するリスクシナリオ
> ④ BCPの発動基準
> ⑤ エスカレーションフローと連絡網
> ⑥ 代替業務の手続き
> ⑦ 業務リソースごとの復旧手続き

参考文献
KPMGビジネスアシュアランス（編）：『事業継続マネジメントの構築と運用の実践』、日科技連出版社、2006年。

キーワード

BIA
ビジネス影響度分析
Business Impact Analysis

BIA（ビジネス影響度分析）とは

　BIAとは、不測の事態が発生し、業務が中断した場合の影響を、定量的、定性的に評価する分析手法のことであり、BCP策定時に不可欠な作業です。

　BIAでは、業務中断時の影響を定量的、定性的な観点から評価します。定量的な評価項目としては、次の例が挙げられます。

- 業務停止にともなう売上損失額
- 業務停止にともない発生する違約金
- 業務停止の影響を受けるユーザー数
- 業務停止の影響を受ける取引先数
- ロストする在庫量　など

定性的な評価項目としては、次の例が挙げられます。

- 社会的な評判や信用の失墜
- 従業員の士気低下
- 社会全体に与える影響　など

　評価指標に絶対的なものはありません。組織ごとに業務の特徴をよく表した指標を選択します。また、事業中断の影響は、中断時間の経過により変化します。経過時間（1時間中断した場合、1日中断した場合、1週間中断した場合など）に応じて上記の指標の変化を評価しておく必要があります。

BIAの結果

　定量的な指標では各種経営管理情報や財務管理情報の分析、定性的な評価指標では関係者へのヒアリングをもとに評価を行います。BIAの結果、次の2つの事柄が明らかになります。

① 　BCPの対象とする重要業務

　BCPはすべての業務で作成するものではありません。BIAの評価結果が高かった上位数個の業務に対して策定します。

② 　復旧要件

　BIAの結果、目標復旧時間、目標復旧レベル、目標復旧時点という3つの復旧要件が明らかになります。

内部統制
Internal Control

内部統制とは

　内部統制とは、簡単にいえば「内部管理体制」を意味します。従前は、内部統制とはチェック手続きの塊のようなイメージで語られることが多かったのですが、現在では、経営・マネジメントのPDCAプロセスに組み込まれているものと定義されつつあります。

　内部統制に関する論議は、米国のウォーターゲート事件や会計不祥事などを発端に、1980年代以降盛んに行われるようになりました。特に、米国公認会計士協会（AICPA）や学者・実務家により、企業内の仕組みとして何を整備すべきかについて議論されました。

　この議論をとおして、1992年にCOSO（米国トレッドウェイ委員会組織委員会）が、IIA（内部監査人協会）やAICPAと議論を重ねて、「内部統制－統合的枠組み」を発表しました。さらに、カナダでも勅許会計士協会の統制基準委員会（Criteria of Control Committee of the Canadian Institute of Chartered Accountants）が「CoCo－統制モデル」を公表、英国でも「ターンバル・レポート（Turnbull Report）」が公表され、内部統制のフレームワークに関する指針が各国・各分野で公表されるようになりました。

　日本でも通商産業省（当時）が1951年に「企業における内部統制の大綱」を公表しましたが、2003年6月、新しい内部統制のフレームワークを示すため、経済産業省のリスク管理・内部統制に関する研究会が『リスク新時代の内部統制』を公表しました。

内部統制のグローバルスタンダード：COSO

　米国COSOによる「内部統制－統合的枠組み」は、経営管理の枠組みそのものが内部統制であるとの認識を提示し、その他の国々や金融業界から他の産業界まで幅広い専門家に受け入れられました。日本の「財務報告に係る内部統制の評価及び監査の基準」における内部統制の概念や、金融庁の「金融検査マニュアル」のもとにもなったバーゼル銀行監督委員会「銀行組織における内部管理体制のフレームワーク」（1998年9月公表）もCOSOの枠組みを基礎としていることから、事実上COSOは内部統制概念のグローバルスタンダードとなってい

ます。

　COSOは、内部統制を、①業務の有効性と効率性、②財務報告の信頼性、③関連法規制への準拠性の3つの統制目的を達成するために、合理的な保証を提供することを企図した、取締役会、経営者およびその他の職員によって遂行される一つのプロセスと定義しています。さらに、内部統制は5つの要素、①統制環境、②リスク評価、③統制活動、④情報と伝達、⑤モニタリングから構成されるプロセスとしてとらえられています。このCOSOの枠組みでは、各構成要素の解説に加え、各構成要素の有効性の評価に関する視点や考え方が提示されています。その後、2004年9月にCOSOはリスク概念をさらに拡張した「Enterprise Risk Management – Integrated Framework」を発表しています。

【COSOによる内部統制概念図】

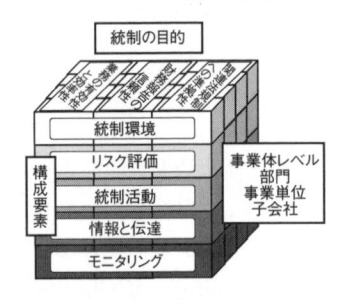

出典）『内部統制の統合的枠組み理論篇』（白桃書房、1996年）を元に筆者が再構成。

日本版SOX法における内部統制の定義

　日本の「財務報告に係る内部統制の評価及び監査の基準案」、いわゆる日本版SOX法では、COSOの内部統制の考え方を活用して、「内部統制の基本的枠組み」のなかで内部統制を次のように定義しています。

- 内部統制の目的は「業務の有効性及び効率性」「財務報告の信頼性」「事業活動に関わる法令等の遵守」「資産の保全」
- 上記4つの目的が達成されているとの「合理的な保証」を得るために、業務に組み込まれ、組織内のすべての者によって遂行されるプロセス
- 内部統制は次の6つの基本的要素から構成される
「統制環境」「リスクの評価と対応」「統制活動」「情報と伝達」「モニタリング」「ITへの対応」

　「内部統制の基本的枠組み」はやや精緻であるともいえますが、この内部統制の定義は、COSOによる定義と本質的な違いはありません。

COSO ERM

COSO全社的リスクマネジメントフレームワーク
COSO Enterprise Risk Management-Integrated Framework

キーワード

COSO ERMとは

　COSO ERM（COSO Enterprise Risk Management-Integrated Framework）とは、COSOにより、2004年9月に公表された全社的リスクマネジメントに関するフレームワークです。事業活動にともなう不確実性とそれに付随するリスクや事業機会への対応力を強化することにより、経営者に事業目的の達成に関する合理的な保証を与えることを目的として作成されました。COSO ERMは、内部統制よりも広範な領域をカバーし、よりリスクに焦点を当て、内部統制の枠組みを発展させて作り上げられました。

背景

　COSOは2001年12月からリスクマネジメントフレームワークの策定に入り、2003年7月中旬の公開草案を経て、2004年9月にCOSO ERM最終版（"Enterprise Risk Management-Integrated Framework"、以下COSO ERM）を発表しました。COSOがERMフレームワークを公表した背景には、リスクマネジメントに関する世界的な関心の高まりがあります。従来のCOSOの「内部統制の統合的枠組み」は財務報告中心の考え方が強く、経営者や企業自身にとっては経営実務に活かしにくい面もありました。

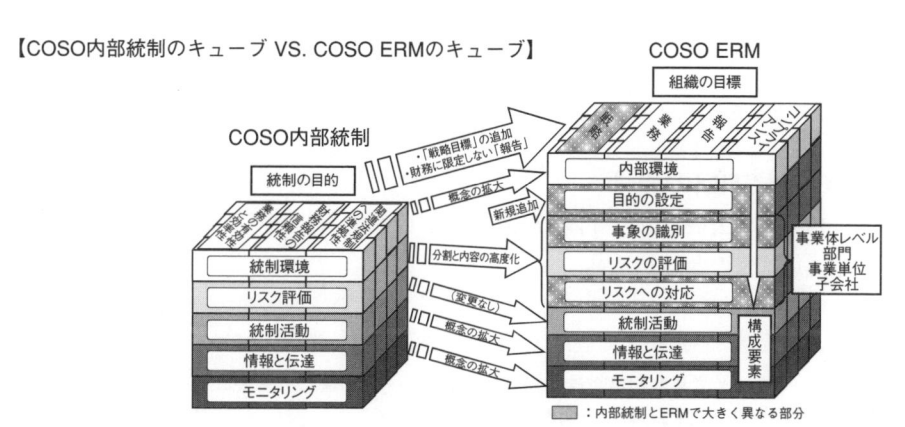

【COSO内部統制のキューブ VS. COSO ERMのキューブ】

出典：『内部統制の統合的枠組み 理論篇』（白桃書房、1996年、左図）と『全社的リスクマネジメント フレームワーク篇』（東洋経済新報社、2006年、右図）を元に筆者が再構成。

	内部統制の統合的枠組み	COSO ERM
定義	広義には、以下の範疇に分けられる目的の達成に関して合理的な保証を提供することを意図した、事業体の取締役会、経営者およびその他の構成員によって遂行されるプロセスとして定義される。	事業体の取締役会、経営者、その他の組織内のすべての者によって遂行され、事業体の戦略策定に適用され、事業体全体にわたって適用され、事業目的の達成に関する合理的な保証を与えるために事業体に影響を及ぼす発生可能な事象を識別し、事業体のリスク選好に応じてリスクの管理が実施できるよう設計された、一つのプロセスである。
事業体の目的	● 業務の有効性・効率性 ● 財務報告の信頼性 ● 関連法規の遵守	● 戦略（組織のミッションに関連づけられた高次元の目的） ● 業務（組織の経営資源の有効かつ効率的使用に係る目的） ● 報告（組織内外の報告の信頼性に係る目的） ● コンプライアンス（組織に適用される法令規則の遵守に係る目的）
構成要素	● 統制環境 ● リスク評価 ● 統制活動 ● 情報と伝達 ● 監視活動	● 内部環境 ● 目的の設定 ● 事象の識別 ● リスクの評価 ● リスクへの対応 ● 統制活動 ● 情報と伝達 ● モニタリング

COSO ERMの概要

1992年に公表された「内部統制の統合的枠組み」と「COSO ERM」の主な相違点は表のとおりです。

参考文献
トレッドウェイ委員会組織委員会（著）、鳥羽至英・八田進二・高田敏文（共訳）：『内部統制の統合的枠組み　理論篇』、白桃書房、1996年。
COSO（著）、八田進二（監訳）、中央青山監査法人（訳）：『全社的リスクマネジメント　フレームワーク篇』、東洋経済新報社、2006年。

サーベンス・オクスリー法

企業改革法、SOX法

Sarbanes-Oxley Act

キーワード

サーベンス・オクスリー法（企業改革法）とは

　米国で相次いで発生した企業会計不正に対応するため、2002年7月末に「サーベンス・オクスリー法（Sarbanes-Oxley Act）」（企業改革法、以下SOX法）が成立しました。このSOX法は、全11章69の条文から構成され、監査人の独立性、会社の責任、財務ディスクロージャーの強化、ホワイトカラー犯罪に対する罰則強化などを規定しています。

　外国企業といえども、米国証券取引所に上場している場合などには原則としてこれらの規制の適用対象となります。

　さらに、この法律は、その後米国内だけでなく、欧州や日本を含めた各国の上場規則などに大きな影響を与えています。

【SOX法の構成（全11章）】

I	公開会社会計監視委員会（Public Company Accounting Oversight Board：PCAOB）
II	監査人の独立性
III	会社の責任
IV	財務ディスクロージャーの強化
V	証券アナリストの利益相反
VI	証券取引委員会の財源と権限
VII	調査および報告
VIII	2002年企業不正および刑事的不正行為説明責任法
IX	ホワイトカラー犯罪に対する罰則強化
X	法人税申告書
XI	企業不正および説明責任

経営者による証明の必要性

　SOX法第302条は、年次報告書（日本企業の場合、様式20F）が真実で、完全かつ適切であることについて、CEOおよびCFOなどによる証明書（Certification）の提出を要求しています。また、SOX法第404条は、企業の財務報告に係

る内部統制について、経営者がその有効性を毎年評価し、独立した監査人による財務報告に係る内部統制の監査を受けることを求めています。

日本企業におけるSOX法対応は？

SOX法第404条は、米国登録企業（早期提出会社）は2004年11月15日以降に終了する事業年度より適用が開始されています。日本企業をはじめとする外国登録企業については、2006年7月15日以降に終了する事業年度より適用が開始されています。

SOX法の要求事項と対応

SOX法は対象企業の経営者に対して財務報告の適正性と不正防止の観点で内部統制の構築と維持について、具体的、かつ実証的に説明責任を果たすことを要求しています。挙証責任は経営者にあります。

このようなSOX法第404条の要求に対応するには、次のような作業ステップが効果的です。

【SOX法第404条対応の作業ステップ（例）】

フェーズ1	評価の計画策定と対象範囲の設定	財務報告に係る内部統制評価のプロセスを確立します。計画と対象に含めるべき、重要な統制や拠点・事業単位を決定します。プロジェクトの進め方、主要成果物とその時期、期間、必要なリソースを定義し、プロジェクトを開始します。
フェーズ2	内部統制の文書化	重要な拠点および事業単位のすべてにおける重要な財務報告に係る内部統制の整備状況を文書化します。
フェーズ3	整備状況と運用の有効性の評価	重要な拠点および事業単位のすべてにおける重要な財務報告に係る内部統制の整備状況と運用の有効性を評価し、その結果を文書化します。
フェーズ4	改善すべき対象の認識と修正	整備状況と運用上の内部統制の欠陥を認識、集計し、連結ベースで評価し、必要な内部統制の改善を行います。
フェーズ5	内部統制に係る報告書の作成	財務報告に係る内部統制の有効性に関する経営者による評価報告書を作成します。
フェーズ6	独立監査人による内部統制の監査	財務報告に係る内部統制に関する独立監査人の監査実施に備えます。

日本版SOX法
Japanese SOX

日本版SOX法とは
　日本版SOX法とは、金融商品取引法のなかで、"財務報告に係る内部統制の強化等に関する制度整備"として導入される、内部統制の評価、報告及び監査に関する法規制をいいます。米国のサーベンス・オクスリー法（SOX法）と目的や構成が近似していることから、「日本版SOX法」「日本版SOX」「J-SOX」などと呼ばれています。

制度概要
　金融商品取引法は、投資者保護のための横断的法制の整備を目的として、証券取引法等の一部を改正する法律として、2006年6月7日に第164回通常国会で成立しました。日本版SOX法は、この一部であり、開示規制について行われる改正として、四半期報告制度の導入とともに、財務報告に係る内部統制の強化等に関する制度として導入され、2008年4月1日以降に開始する事業年度から適用される予定となっています。
　日本版SOX法においても米国同様、経営者による財務報告に係る内部統制の評価と報告、および公認会計士等による監査が義務づけられます。
　財務報告に係る内部統制の評価等にあたっての具体的な方法は、金融商品取引法の法文には記載されず、金融庁の企業会計審議会内部統制部会により『財務報告に係る内部統制の評価及び監査の基準のあり方について』（2005年12月8日、以下、基準案）としてとりまとめられています。
　基準案では、COSOの枠組み（「内部統制の統合的枠組み」）をベースとして作成された「内部統制の基本的枠組み」にもとづき内部統制を整理することが要求されています。

日本版SOX法の特徴
　日本版SOX法の特徴として、内部統制に係るフレームワークを日本独自のものとして再定義していること、企業に対する過度な負担を避けるためにさまざまな手当てが行われていることが挙げられます。

日本版SOX法における内部統制の定義

基準案では、内部統制を「基本的に、業務の有効性及び効率性、財務報告の信頼性、事業活動に関わる法令等の遵守並びに資産の保全の4つの目的が達成されているとの合理的な保証を得るために、業務に組み込まれ、組織内のすべての者によって遂行されるプロセスをいい、統制環境、リスクの評価と対応、統制活動、情報と伝達、モニタリング（監視活動）及びIT（情報技術）への対応の6つの基本的要素から構成される。」と定義し、COSOによる内部統制の枠組みに、目的として「資産の保全」、基本的要素として「ITへの対応」を追加しています。

新たな目的や要素はそれぞれ、「資産の保全とは、資産の取得、使用及び処分が正当な手続及び承認の下に行われるよう、資産の保全を図ることをいう。」、「ITへの対応とは、組織目標を達成するために予め適切な方針及び手続を定め、それを踏まえて、業務の実施において組織の内外のITに対し適切に対応することをいう。」と定義されています。

負担軽減のために行われた手当て

日本版SOX法においては、対象企業の負担を軽減するために、①トップダウン型のリスクアプローチの活用、②内部統制の不備の区分、③ダイレクトレポーティングの不採用、④内部統制監査と財務諸表監査の一体的実施、⑤内部統制監査報告書と財務諸表監査報告書の一体的作成、⑥監査人と監査役・内部監査人との連携の手当てが行われています。

このうち、特徴的なものについて以下に述べます。

(1) トップダウン型のリスクアプローチの活用

財務報告に係る重大な虚偽表示につながるリスクに着眼して、必要な範囲で業務プロセスに係る内部統制を評価することとし、財務報告への影響の限定されている取引などに対する評価を割愛できることとされています。

例えば、財務諸表などを分析し、勘定残高、取引高などが少ない勘定科目については虚偽表示（財務諸表を誤って公表することを指す）の可能性が少ないこ

とから、内部統制の評価を割愛することが考えられます。実務的に適用するうえでは、リスクの程度はその時々の状況で変化するため、財務報告の虚偽表示リスクに応じた絞込みを効果的に行うには、企業グループの内部に、適時適切なリスク評価実施のためのプロセスが構築されていることが必要です。

また、トップダウン型のリスクアプローチの考え方には、このような財務諸表などの数値的な分析のみならず、企業風土を含む統制環境など、全社的な内部統制を評価することにより、企業集団としての財務報告を誤るリスクの大きさを評価することにより、内部統制の評価範囲を絞り込むことが想定されています。ただし、このような全社的な内部統制が、明確に定義・運用され、モニタリングまで行われている例は日本企業では多くありません。実務上、トップダウン型のリスクアプローチを適用するには、多くの課題があるといえます。

(2) ダイレクトレポーティングの不採用

ダイレクトレポーティング（直接報告業務）とは、米国SOX法で採用されている公認会計士等の監査人が内部統制の適正性に関する証拠を直接入手し、評価を行う監査意見の形成方法をいいます。監査人は企業の個々の統制について自ら運用テストを行います。

これに対して、日本版SOX法では、公認会計士等の監査人は、内部統制の有効性評価の目的では個々の統制に対しての運用テストを行わず、現行の財務諸表監査の一環として行われている内部統制に対する評価の結果を利用して、経営者が実施した内部統制の評価についての監査意見を表明することが想定されています。

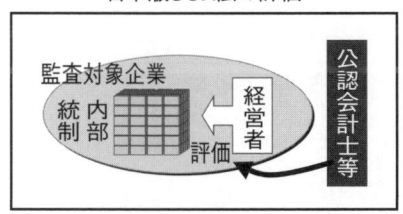

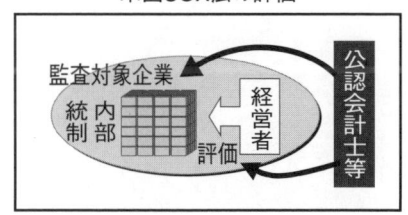

(3) 監査人と監査役・内部監査人との連携

公認会計士等の監査人は、監査役などの監視部門と適切に連携し、内部監査人の業務等会社の内部統制に関する評価作業に依存して自己の監査意見を形成することとされました。

内部統制の目的として「基準案」で追加されている「資産の保全」については、会社法上、監査役などに与えられている「財産調査権」が想定されており、監査役等企業を監督する立場の会社の機関に対する期待が織り込まれています。

日本版SOX法については、「基準案」の最終確定、「基準案」を詳細化し実務上の指針となる「実施基準」、日本公認会計士協会から公表される監査基準委員会報告書などの公表により、今後具体的な方法論などが明らかになります。

【基準案にもとづいた対応のためのステップ】

	フェーズ	作業内容など	
1	内部統制の整備および運用の方針および手続きの決定	財務報告に係る内部統制の整備および運用の方針および手続きの決定	評価手続きなどの記録および保存
2	評価の範囲の決定	財務諸表の表示および開示について、金額的および質的影響の重要性の観点から、評価の範囲を検討し。これにもとづいて企業活動を構成する事業または業務、財務報告の基礎となる取引または事象、および主要な業務プロセスについて、財務報告全体に対する金額的および質的影響の重要性を検討し、合理的な評価の範囲を決定	
3	全社的な内部統制の評価	連結ベースでの財務報告全体に重要な影響を及ぼす内部統制の評価の実施（全社的な会計方針および財務方針、組織の構築および運用などに関する経営判断、経営レベルにおける意思決定のプロセスなどが対象）	
4	業務プロセスに係る内部統制の評価	評価対象となる内部統制の範囲内にある業務プロセスを分析したうえで、財務報告の信頼性に重要な影響を及ぼす統制上の要点を選定し、当該統制上の要点について内部統制の基本的要素が機能しているかを評価	
5	内部統制の有効性の判断	統制上の要点などに係る不備が財務報告に重要な影響を及ぼす可能性が高い場合は、当該内部統制に重要な欠陥があると判断しなければならない。	
6	内部統制の重要な欠陥の是正	重要な欠陥が発見された場合であっても、それが報告書における評価時点（期末日）までに是正されていれば、財務報告に係る内部統制は有効であると認めることができる	

アサーション
経営者の主張、経営者の言明
Assertion

アサーションとは

　アサーションとは内部統制に関する用語で、ある勘定科目や残高が正しく計上・表示されていることを論じる際の「正しさ」の要件を表す概念です。例えば、売上の計上を考える場合に、実際の注文や出荷にもとづいて計上しているといった「実在性」や、計上すべき売上を漏れや重複なく計上しているといった「完全性」など、勘定科目や残高の正しさの要件にはいくつかの種類があります。

　日本公認会計士協会の監査基準委員会報告書第28号『監査リスク』で、アサーションの訳語である「経営者の主張」に関して「経営者が適正な財務諸表を提示することは、明示的か否かにかかわらず、この要件を充足していると経営者が主張していることに他ならない。」と説明されているように、財務諸表が適正であるためには、各勘定科目が関連するアサーションをすべて満たしている必要があります。

　アサーションの概念は、最近まで会計監査の分野以外で使われることがほとんどなく、多くの方々にとっては非常に理解しにくい考え方であろうと思われます。しかし、日本版SOX法対応などで財務報告に係る内部統制の有効性を評価する際に、財務報告が適切であることを具体的に論理立てて整理するために、一部の推進部門のみならず、文書化やテストに関与する部門や担当者にとって、理解が不可欠な重要な概念になります。

アサーションの種類と概念

　アサーションの種類や概念には、いくつかの整理の仕方があります。COSOによる内部統制の統合的枠組みでは、表のように整理されています。

種　類	概念説明と例示
実在または発生	特定の日付において資産あるいは負債が実在していること、記録された取引が特定の期間において発生していること
	・売上や仕入は、実在する取引にもとづいて計上されること
完全性	財務諸表に表示されるべき取引や会計事象がすべて漏れなく、重複なく記録されていること
	・当月に出荷したすべての売上が、漏れなく重複なく計上されること ・すべての営業債権・債務が漏れなく計上されること
評価または配分	資産、負債、資本、収入と費用の各項目が、適切な会計基準に準拠し、適切な金額で記録されていること
	・売掛金の評価（貸倒引当金の計上）が適切に行われること ・売上や仕入などの取引が、正しい会計期間に記録されること
権利と義務	特定の日付において資産の権利、負債の義務が企業に帰属していること
	・売掛金（売上）や買掛金（仕入）は、契約にもとづくサービスの提供や受領の事実にもとづいて計上されること
表示と開示	財務諸表上の各項目が適切に分類、記述、開示されていること
	・営業債権・債務はその他の債権・債務と区分されて表示されること

全社的な内部統制

Company Level Controls, Entity Level Controls

全社的な内部統制とは

　全社的な内部統制とは、企業グループ内のさまざまな組織、事業、業務プロセスなどに対して広範な影響を及ぼす統制を指し、企業全体の内部統制の基盤ともいえます。主な要素としては、経営者の倫理観、組織構成、人事政策、リスクマネジメント態勢、コンプライアンス態勢、各種方針の策定や展開、内部監査体制、などが挙げられます。

　内部統制を整理する際には、この全社的な内部統制と業務プロセスに係る内部統制の2つに区分して考えます。個々の業務プロセスに係る内部統制が有効に整備・運用されることを確実にするための基盤が、全社的な内部統制です。

　例えば、ある業務プロセスで「責任者の承認を得る」という統制手続きが有効に機能することを、ルールを重視する社風や行動規範、決裁権限規程などのルールの存在と社内への周知徹底、内部監査やCSAによるチェックといった、全社的な内部統制が支えているという関係にあるといえます。

全社的な内部統制の主な項目

　米国企業改革法でのPCAOB（公開会社会計監視委員会）の監査基準第2号では、全社的な内部統制の主な要素として次の項目が挙げられています。

- 全拠点や事業単位に適用されている、経営者の考え方、権限と責任の委譲、全体に一貫して適用される方針や手続き、行動規範や不正防止といった全社的プログラムを含む、統制環境のなかの統制
- 経営者によるリスク評価プロセス
- シェアードサービスを含む集中処理および統制
- 業務結果を監視するための統制
- 内部監査機能、監査委員会、自己査定プログラムの活動を含む、その他の統制を監視するための統制
- 期末財務報告プロセス
- 取締役会にて承認された、重要な事業統制とリスク管理活動に関する政策

日本版SOX法対応上の留意点

　日本版SOX法では「まず、連結ベースでの全社的な内部統制の評価を行い、その結果を踏まえて、財務報告に係る重大な虚偽の表示につながるリスクに着眼して、必要な範囲で業務プロセスに係る内部統制を評価する」というトップダウン型のリスクアプローチをとっており、全社的な内部統制の重要性が強調されています。

　全社的な内部統制に重要な欠陥がある場合、たとえ個々の業務プロセスに係る内部統制に問題がない場合でも、全体として重要な欠陥を内包していることになる可能性が高いため、また、全社的な内部統制の構成要素の多くは、改善や整備に時間を要するものが多いため、全社的な内部統制の有効性を早期に評価することが非常に重要になります。

　全社的な内部統制を整理、文書化し、有効性を評価する際には、チェックリストや質問表を用いて整理することが一般的です。ただし、企業グループの各社に単一のチェックシートなどを配布し回答を集計するだけでは、企業全体の実態を適切に反映した評価ができるとは限らないことに留意すべきです。

　多くの企業にとって、企業グループ内の管理構造は必ずしも一枚岩ではなく、子会社（特に上場子会社）や事業部門などはそれぞれが何らかの独自の管理事項と体系をもちます。さらにそれらがグループ内で複雑に絡みあっており、画一的なチェックリストのみによる有効性評価には限界があるのです。

　このため、企業グループ内の管理構造を十分に整理・把握し、「グループ共通で遵守すべきことは何か」「各事業部門や子会社に任せるべきことは何か」などをできるだけ明確にしたうえで、チェックリストなどの配布および回答単位を設定すること、およびそれぞれの単位にふさわしい具体的なチェック事項を検討することが重要です。

業務プロセスに係る内部統制
Process Level Controls

業務プロセスに係る内部統制とは
　金融庁の企業会計審議会内部統制部会による『財務報告に係る内部統制の評価及び監査の基準のあり方について』(2005年12月8日)では、業務プロセスに係る内部統制は、「業務プロセスに組み込まれ一体となって遂行される内部統制」と定義されています。例えば、販売、調達などの業務プロセスに組み込まれた各種のチェックや承認手続きなど、業務プロセス全体および業務プロセスを構成する個々の処理が、統制目的どおりに機能するための統制を指します。
　全社的な内部統制が企業グループ全体の内部統制を支える基盤であるとすると、個々の業務プロセスに関して、より直接的に業務処理を適切に機能させるための統制が、業務プロセスに係る内部統制です。

業務プロセスに係る内部統制の評価の流れと日本版SOX法対応上の留意点
　財務報告に係る内部統制の評価は、内部統制の文書化、整備状況の有効性の評価、運用状況の有効性の評価に大きく分けることができます。まず現状の業務プロセスに存在する統制を把握し、仕組みとしての有効性を評価し、有効と判断できた場合に、その統制が有効に運用されているかをチェックするという流れになります。
　業務プロセスごとの内部統制の文書化は、フローチャートや業務記述書で業務の一連の流れを整理したうえで、関連する勘定科目についてアサーションの妥当性の観点からリスクを把握し、それらのリスクを軽減する統制(コントロール)を図のようなリスクコントロールマトリクスなどで整理することが一般的です。
　文書化の作業は、通常、業務プロセスを細かい単位に分けたサブプロセスごとに行われます。例えば販売プロセスは、受注、出荷、請求、債権管理、返品処理といったサブプロセスによって構成されていますが、これらのサブプロセスの単位で、フローチャートやマトリクスを作成します。
　また、同じ販売プロセスでも、事業単位や拠点の違いなどによって業務のやり方や処理が異なる場合には、それぞれについて文書化を行う必要があります。

【リスクコントロールマトリクスの例】

リスクNo.	サブプロセス	プロセス目的	リスク	統制内容	実在または発生	完全性	評価または配分	権利と義務	表示と開示
					\multicolumn{5}{c}{アサーション分類}					
1	受注出荷	適切な受注にもとづき製品が出荷され、売上が適切な会計期間に計上されている	実在しない、または不適切な企業が取引先管理台帳に登録されて、受注可能な取引先となるリスク	営業課の上長による承認と審査部による与信の承認を受けた取引先申請書のみが与信マスターに登録される	○				
2	受注出荷	適切な受注にもとづき製品が出荷され、売上が適切な会計期間に計上されている	受注入力の漏れ/誤りのリスク	受注入力後、営業課が入力原票の注文書に、入力済みの印をつけて保管することで、二重入力を防いでいる		○			
3	受注出荷	適切な受注にもとづき製品が出荷され、売上が適切な会計期間に計上されている	出荷指示入力漏れのリスク	出荷指示入力画面は、未出荷の一覧から出荷分を選択する仕組みとなっており、入力の都度、出荷予定日が経過しているものをチェックしている		○			

　このため、文書化の作業量は、作業対象となる事業単位や拠点の数、主要な業務プロセスの数、1つの業務プロセス当たりのサブプロセスの数などによって左右されます。

　文書化の作業は、範囲や作業量が広範にわたるため、さまざまな部門や人員で分担して作業を行うことが一般的です。その際、文書化のレベルを統一しながら、うまく全体のプロジェクト管理を行わなければなりません。

　整備状況の評価にあたっては、フローチャートなどを吟味しながら、リスクコントロールマトリクス上で、財務報告が不適切となるリスクや不正リスクが十分に整理されているか、それらのリスクや関連するアサーションに関して十分な統制が用意されているか、防止的統制と発見的統制のバランスがとれているかどうか、人手による統制とITに組み込まれた統制のバランスがとれているかどうか、等々を吟味します。さらに、文書化された業務プロセスや統制それ

ぞれについて、当該業務プロセスの最初から最後までの一連の流れを、関連する帳票や業務文書などを用いて追跡（確認）するウォークスルーの手続きを行います。重要な統制については、社内規程やマニュアルが整備されているかどうかも検討を行います。

　運用状況の評価では、文書化された個々の業務プロセスについて、統制が実際に有効に実施されているかどうかを、さまざまな監査手法を用いて検証します。例えば、一定期間に処理された伝票をサンプルとして一定数収集し、照合や承認印の有無などの事跡をチェックすることで、必要な統制が漏れなく行われているかを確認する手続きなどを行います。

　ここでの作業では、テスト結果の客観性と信頼性を確保するため、対象となる業務プロセスに直接携わっていない中立的な部門や担当者が行うことが望ましく、内部監査部門などによる評価の実施が期待されます。ただし、本格的な内部監査部門をもつ企業は日本ではまだ少なく、テストの担い手の確保や育成が重要な論点となります。規模の大きい企業グループなどでは、子会社や事業部などの単位でCSAの形式でテスト作業を分担して行い、評価結果に係る情報を本社が収集し、内部監査部門がそれぞれの実施内容や結果をレビューする形も、現実的アプローチです。

　米国企業改革法対応やいわゆる日本版SOX法対応上は、文書化作業の負荷にのみ焦点が当てられがちですが、その後の整備状況や運用状況の有効性の評価、ならびに不備の程度の判断や是正に係る負荷や、適切な能力をもつ人材確保の側面にも留意すべきです。

会社法による内部統制関連要求

Requirements concerning internal controls by the Japan Company Law

会社法による内部統制関連要求とは

　2006（平成18）年5月施行の会社法では、大会社について内部統制システムの構築の基本方針の決定を義務づけています。

　会社法では、「取締役の職務の執行が法令及び定款に適合することを確保するための体制その他株式会社の業務の適正を確保するために必要なものとして法務省令で定める体制の整備」を義務づけ、その「その他株式会社の業務の適正を確保するための体制」として、法務省令である会社法施行規則で、次のような体制が挙げられています（図参照）。

- 取締役の職務の執行に係る情報の保存及び管理に関する体制
- 損失の危険の管理に関する規程その他の体制
- 取締役の職務の執行が効率的に行われることを確保するための体制
- 使用人の職務の執行が法令及び定款に適合することを確保するための体制
- 当該株式会社並びにその親会社及び子会社から成る企業集団における業務の適正を確保するための体制

【取締役会設置会社の場合に適用される条文】

会社法	（取締役会の権限等） 第三百六十二条 4　取締役会は、次に掲げる事項その他の重要な業務執行の決定を取締役に委任することができない。 　一　～　五　（省略） 　六　取締役の職務の執行が法令及び定款に適合することを確保するための体制その他株式会社の業務の適正を確保するために必要なものとして法務省令で定める体制の整備 5　大会社である取締役会設置会社においては、取締役会は、前項第六号に掲げる事項を決定しなければならない。
会社法施行規則	（業務の適正を確保するための体制） 第百条　法第三百六十二条第四項第六号に規定する法務省令で定める体制は、次に掲げる体制とする。 　一　取締役の職務の執行に係る情報の保存及び管理に関する体制 　二　損失の危険の管理に関する規程その他の体制 　三　取締役の職務の執行が効率的に行われることを確保するための体制 　四　使用人の職務の執行が法令及び定款に適合することを確保するための体制 　五　当該株式会社並びにその親会社及び子会社から成る企業集団における業務の適正を確保するための体制 2　（省略） 3　監査役設置会社（監査役の監査の範囲を会計に関するものに限定する旨の定款の定めがある株式会社を含む。）である場合には、第一項に規定する体制には、次に掲げる体制を含むものとする。 　一　監査役がその職務を補助すべき使用人を置くことを求めた場合における当該使用人に関する事項 　二　前号の使用人の取締役からの独立性に関する事項 　三　取締役及び使用人が監査役に報告をするための体制その他の監査役への報告に関する体制 　四　その他監査役の監査が実効的に行われることを確保するための体制

監査役設置会社の場合には、さらに次のような体制が含まれます。
- 監査役がその職務を補助すべき使用人を置くことを求めた場合における当該使用人に関する事項
- 前号の使用人の取締役からの独立性に関する事項
- 取締役及び使用人が監査役に報告をするための体制その他の監査役への報告に関する体制
- その他監査役の監査が実効的に行われることを確保するための体制

従来は、監査役をおかない委員会設置会社のみに法的に義務づけられ、監査役設置会社では、取締役の善管注意義務とされていた内部統制の整備ですが、会社法では、大会社において、委員会設置会社、監査役設置会社を問わず、リスクマネジメント、コンプライアンスなどを含む内部統制の整備を要求しています（大会社：資本金5億円以上または負債200億円以上を有する株式会社）。

会社法制の大幅な見直しの意義

そもそも、なぜ新たな会社法が創設されたのでしょうか。

これまで会社法制は、商法は片仮名・文語体の表記であり、かつ「商法第2編（会社）」「有限会社法」「株式会社の監査等に関する商法の特例に関する法律」などの各規定と分散されていたことにより、国民にとってわかりやすいものとはいえませんでした。最近の社会経済情勢の変化に対応するための会社法制の各種制度の見直しとともに、現代的な表記に改めたうえでわかりやすく再編成することが必要となっていたのです。

最低資本金制度、機関設計、合併等の組織再編行為など、会社に係る各種制度のあり方について、体系的かつ抜本的に見直しが行われています。

このように会社法は、会社経営の機動性・柔軟性の向上を図るため、株式会社の組織再編行為や資金調達に係る規制の見直し、株主に対する利益還元方法などの合理化を行う反面、会社経営の健全性を確保し、株主および会社債権者の保護を図るため、内部統制システムなどの整備によりコーポレートガバナンスの充実を求めています。株式会社にとっては、選択の裁量が広がった代わりに、株主・債権者に対する自己責任が求められているといえます。

業務の適正を確保するための体制（内部統制システム）とは

　取締役会が決定すべき業務の適正を確保するための体制の構築の基本方針とはどのようなものでしょうか。その解釈を行うには、会社法施行規則で規定されている項目が、委員会設置会社が旧商法施行規則第193条のもとで要求され、営業報告書で開示している項目と類似していることから、委員会設置会社の記載事例を参考とすることができます。

(1) 業務の適正を確保する体制の内容
① 　取締役および使用人の職務の執行が法令および定款に適合することを確保するための体制

　この項目は、いわゆる「コンプライアンス体制」といわれるものと解釈できます。つまり、一般的には、経営方針それにもとづく行動指針などの遵守基準の策定に始まり、コンプライアンス基本方針・関連規程やコンプライアンス推進体制および内部通報制度などが検討されることになります。

② 　取締役の職務の執行に係る情報の保存および管理に関する体制

　この項目は、文書情報管理体制の整備を要請し、取締役の職務執行について、重要な意思決定を議事録として残し、その記録を何年間保管するのかなど、取締役会などで決議した事項の概要を記載することになります。具体的には、議事録や稟議書類等の保存対象情報の定義、保管期間および保管場所等を定める文書管理規程やその改廃の承認、監査役等の要求に対する情報提供などについて検討されることになります。なお、委員会設置会社の事例では、文書・情報の保管にとどまらず、情報セキュリティに係る取組みにいたるまでの記載例があります。

③ 　損失の危険の管理に関する規程その他の体制

　この項目では、いわゆる「リスクマネジメント体制」といわれているものと解釈できます。自社で発生する可能性がある多様なリスクについて、その発生を未然に防止するための手続き・体制や、発生した場合の対処方法等を定めた

社内規程の整備など、取締役会で決議した事項の概要を検討することになります。委員会設置会社の事例では、自社なりに定義したリスク内容や事業継続計画にいたるまでの記載例があり、この項目でいう損失の危険とは、防災などの単なる危機管理ではなく、全社的リスクマネジメント（ERM）として、自社なりに定義することが望まれます。

④ 取締役の職務の執行が効率的に行われることを確保するための体制

　この項目では、取締役の職務執行体制ということで、いわゆるコーポレートガバナンスに含まれるもの、さらにはそれにもとづく効率的な経営管理全般に関する事項を要求しているものと解釈できます。具体的には、経営機構、執行役の職務分掌、経営管理システム、予算制度・業績管理などについて検討することになります。

⑤ 当該株式会社ならびにその親会社および子会社からなる企業集団における業務の適正を確保するための体制

　この項目は、これまでに述べた内部統制システムの構築を、連結ベースで行うことを求めたものです。従来は、「子会社」の立場から「親会社」を含む体制を言及することはありませんでしたが、今回、子会社自身においても、子会社が親会社から不当な指示を受けた場合の対応などについての子会社自身の方針・体制整備が求められています。

(2) 監査役の監査が実効的に行われることを確保するための体制

　前述のほか、監査役設置会社は、(1)の項目に加えて、以下の監査役の監査が実効的に行われることを確保するための体制について取締役会が決定しなければなりません。

　①監査役の職務を補助する使用人を置くかどうか、置くとした場合に、監査役専属の使用人を置くのか、他の部署に属する使用人に兼務の形で監査役の職務の補助をさせるのか、②監査役の職務を補助する使用人を置くこととする場合に、当該使用人の他部署からの異動や他部署への異動について、監査役の同

意に係らしめるのか否か、当該使用人による監査役の職務の補助に関して執行役の指揮命令権が及ぶものとするのかなど、③取締役・使用人からの監査役への報告・通報体系、および関係部門からの内部統制の実施状況を監査するための報告などを決議することになります。

(3) 事業報告での開示と監査役の監査

上記の事項は、会社法施行日である2006年5月1日以降最初に開催する取締役会で決定することになっています。

また、取締役会が決定した上記の事項の内容を事業報告に記載しなければなりません。その事業報告に業務の適正を確保するための体制に関する事項についての決定または決議の内容が記載された場合には、監査役がその内容を相当でないと認めるときはその旨およびその理由を監査報告書に記載しなければなりません。

会社法の要求する内部統制システム

それでは、会社はどのように内部統制システムの構築を推進すればよいのでしょうか。

取締役会で決定・決議する際に、何を、どのように、どこまで決定すればよいのか悩んだ企業も多くありました。ここで留意すべきことは、会社法は、内部統制システムとして、法的にどこまで整備すればよいのかという達成レベルを明示しているものではないということです。内部統制というものは、既に企業独自に何かしら構築されているもので、その現状およびあるべき姿は各社各様であり、その推進方法は自社なりに設定することが求められています。

つまり、会社法では内部統制を整備することにつき、取締役が公式に決議して、構築を進めるそのプロセスが求められているのです。その構築にあたっては、COSOなどの内部統制フレームワークなどを活用しながら自社なりに推進していくことが重要となるでしょう。

参考文献
「使える・使おう会社法」(法務省)　http://www.moj.go.jp/MINJI/minji96.pdf

事業等のリスクの開示
Disclosure of "risk information"

事業等のリスクの開示とは

　事業等のリスクの開示とは、2003年3月31日付『企業内容等の開示に関する内閣府令等の一部を改正する内閣府令』(内閣府令第28号)にもとづき、有価証券届出書および有価証券報告書において2003年4月1日以降開始する事業年度から適用となった「リスクに関する情報」を開示することを指します。

　このディスクロージャー制度の改正では、事業等のリスクの開示のほか、コーポレートガバナンスに関する情報や、経営者による財務・経営成績の分析(MD&A)の開示が求められるようになり、さらに企業が任意で、有価証券報告書の記載内容の適正性に関する代表者(代表取締役)の確認書を添付することができるようになっています。

　これは、2002年12月の金融庁の金融審議会第一部会報告『証券市場の改革促進』(以下、金融審議会報告書)において、信頼される市場の確立に向けたディスクロージャーの充実・強化を目的として導入されることになりました。

開示すべき事業等のリスクとは

　金融庁の『ディスクロージャー制度関係「内閣府令」及び「ガイドライン」の改正案の概要』によると、リスクに関する情報について、以下のように記載されています。

> イ　有価証券報告書及び有価証券届出書の「事業の状況」に「事業等のリスク」の項目を新設する。
> ロ　事業の状況、経理の状況等に関する事項のうち、財政状態、経営成績及びキャッシュ・フローの状況の異常な変動、特定の取引先・製品・技術等への依存、特有の法的規制・取引慣行・経営方針、重要な訴訟事件等の発生、役員・大株主・関係会社等に関する重要事項等、投資者の判断に重要な影響を及ぼす可能性のある事項を一括して具体的に、分かりやすく、かつ、簡潔に記載する。
>
> (http://www.fsa.go.jp/news/newsj/14/sonota/f-20030311-2/a.pdfより)

なお、会社法施行にともなう財務諸表等規則の改正に併せて、2006年5月に改正が行われた『企業内容等の開示に関する留意事項について』には、「事業等のリスク」の具体的な例示文が記載されていますので、その項目を以下に引用します。

> 『企業内容等の開示に関する留意事項について』（企業内容等開示ガイドライン）金融庁総務企画局、2006年5月
> B　個別ガイドライン
> 「事業の概況等に関する特別記載事項」の記載例に関する取扱いガイドライン
> 　開示府令第二号様式記載上の注意（32-2）に規定する「事業等のリスク」の記載例としては、おおむね以下に掲げるものがある。なお、記載例とは別種の事項についても、投資家に誤解を生ぜしめない範囲で会社の判断により記載することを妨げるものではない。
> 1　会社グループがとっている特異な経営方針に係るもの
> 2　財政状態、経営成績及びキャッシュ・フローの状況の異常な変動に係るもの
> 3　特定の取引先等で取引の継続性が不安定であるものへの高い依存度に係るもの
> 4　特定の製品、技術等で将来性が不明確であるものへの高い依存度に係るもの
> 5　特有の取引慣行に基づく取引に関する損害に係るもの
> 6　新製品及び新技術に係る長い企業化及び商品化期間に係るもの
> 7　特有の法的規制等に係るもの
> 8　重要な訴訟事件等の発生に係るもの
> 9　役員、従業員、大株主、関係会社等に関する重要事項に係るもの
> 10　会社と役員又は議決権の過半数を実質的に所有している株主との間の重要な取引関係等に係るもの
> 11　将来に関する事項について
> (http://www.fsa.go.jp/common/law/kaiji/01.pdfより)
> 注）1〜10にはそれぞれ説明があるが、ここでは省略した。

事業等のリスクの開示の意義

　金融審議会報告書によると、「企業の経営者が自らの事業内容と財務内容に関し、それぞれの業種、業態を踏まえた積極的な開示に取り組み、有価証券報告書等への信頼性の向上を図っていくことは重要である」と記されています。事業等のリスクの開示にあたって、企業は、自社のリスクをどのようにとらえて、それをどのようにマネジメントしていくか、経営者の姿勢そのものが問われているといえるでしょう。

参考文献
「証券市場の改革促進」（金融審議会第一部会報告）
http://www.fsa.go.jp/singi/singi_kinyu/siryou/kinyu/dai1/f-20021216_sir_b.html

キーワード

ITガバナンス
IT統治
IT Governance

ITガバナンスとは

　ITガバナンスの定義は、さまざまな団体や研究者が異なる見解を提示しており、その内容もさまざまです。その定義の代表例として、1999年当時の通商産業省（現在の経済産業省）が提唱した「企業が競争優位性構築を目的に、IT（情報技術）戦略の策定・実行をコントロールし、あるべき方向へ導く組織能力」が挙げられます。また、COBIT (Control Objectives for Information and related Technology) では、ITガバナンスについて、「さまざまな企業プロセスに対して効率的・効果的で計測可能な改善を保証し、企業コントロール活動を成功させるために必要不可欠である」と説明しています。

　近年では基幹システム、グループウェア、イントラネットなど、企業が業務を遂行するいたるところでITシステムが使われており、その存在は必要不可欠になってきています。ビジネスのITへの依存度が高まることで、IT投資の成否、IT活用の巧拙やIT障害などが、企業の収益、財務、あるいはブランド価値に与える影響を無視できなくなってきています。こうした背景をふまえると、ITに係る組織としての取組み能力そのものが、企業価値を大きく左右してしまう時代になってきているといえます。

　これらのことから、コーポレートガバナンスが株主のための経営監視の仕組みであるのに対して、ITガバナンスは、株主のためのIT監視の仕組みととらえることができます。

ITガバナンスの構成要素

　ITガバナンスは企業内に存在する個々のITシステムを最適化するためのものではありません。企業全体のITシステムにおいて、次に挙げる例などをふまえたものがITガバナンスの構成要素となります。

- 企業の経営戦略とIT戦略が連携しているか
- 利用者が求めるITシステムの姿が明確にされているか
- ITシステムにかかわる組織・人員などのリソースが適切に管理されているか
- ITシステムに関するリスクが適切にマネジメントされているか

KPMGではITガバナンスを「IT投資効果および関係する一連の活動が保有するリスクを継続的に最適化するための組織的な仕組み」ととらえたうえで、そのために必要なマネジメント領域を8つに分類しています（下図参照）。

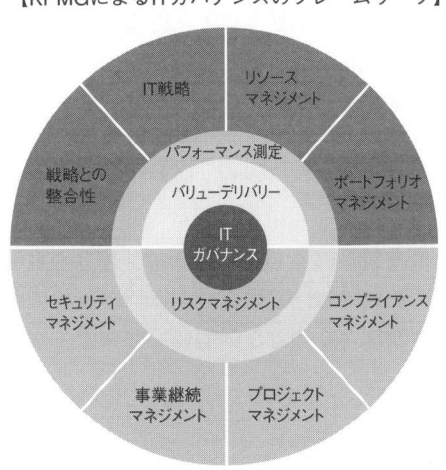

【KPMGによるITガバナンスのフレームワーク】

（図：中心から外へ）ITガバナンス／バリューデリバリー・リスクマネジメント／パフォーマンス測定　外周：IT戦略、リソースマネジメント、ポートフォリオマネジメント、コンプライアンスマネジメント、プロジェクトマネジメント、事業継続マネジメント、セキュリティマネジメント、戦略との整合性

　これらのマネジメント領域は、その主な目的によって、大きく2つに分けることができます。その一つは組織におけるITの投資効果を最大にするための"バリューデリバリー"であり、もう一つがリスクを最適化するための"リスクマネジメント"です。

　ITガバナンスを最適化するためには、効果やリスクを表現する指標値を設定し、その測定をとおして、企業の経営目標と照合しながら、最適化に向けた改善策を導き出すことが重要です。さらに、その一連のサイクルを継続的に実施していくことで、各々のマネジメント領域の成熟度を高め、より高度なITガバナンスを構築することを指向する必要があります。

参考文献
ITガバナンス協会編：『COBIT 3rd Edition マネジメントガイドライン』、ITガバナンス協会、2000年。

キーワード

IT全般統制
IT General Controls

IT全般統制とは

　IT全般統制とは、業務で活用されるアプリケーションシステムが機能するための環境や情報システム全体の企画・開発・運営・管理などに関する統制を意味します。情報システムに関する統制活動は、このIT全般統制とIT業務処理統制の2つに区分して考えることができます。IT全般統制が各アプリケーションシステムに適用され、継続的かつ適切に機能することで、IT業務処理統制が効果的に機能することを間接的に保証することになります。IT全般統制には、IT固有の技術を利用した自動の統制だけでなく人間による作業、さらにはITに係る方針・ルールの整備とその遵守、牽制・監視に関する統制活動なども含まれます。

　このように、IT全般統制とIT業務処理統制は一体となって、人手による統制と連携して、情報システムにおける情報の完全性、正確性および有効性を保証します。もし、IT全般統制が有効でない場合、関連するすべてのITによる処理の信頼性に影響が及ぶかもしれません。

IT全般統制の構成

　IT全般統制の対象について、IT管理全般に影響する統制環境に関するITマネジメントから目的に応じたITの統制活動まで、ハイレベルで広範な領域としてとらえることもできます。このようにIT全般統制を考えれば、IT全般統制の内容を構造的に体系化することができます。

　ITマネジメントは、企業自体の目標・戦略、これに対するITの目標・戦略、組織・管理体制ならびに予算、さらにITを担当する人の能力、IT担当部門・担当者のコミュニケーションなどまでを対象とした組織全体での統制活動を含んでいます。このITマネジメントの統制下に、プログラムの開発、変更、運用とデータへのアクセスといった目的に応じたITの統制活動があります。

　例えば、日本公認会計士協会のIT委員会の報告第3号では、IT全般統制の内容として、次のような統制活動を挙げています。

① 情報システムに関する企画・開発・調達業務の統制活動
- 情報システムの開発方針・基準・手順の制定
- ユーザー部門の参画による十分なテストの実施・検収
- 適切なプログラム等の移行・変更管理　など

② 情報システムに関する運用業務の統制活動
- プログラムによる処理結果の確認手続
- 実行スケジュール管理
- 適切なプログラム使用のためのライブラリ管理　など

③ セキュリティに関する統制活動
- IDとパスワードによるアクセス管理
- ハードウェアの物理的な破壊や盗難防止のための管理
- セキュリティ・ポリシーの制定　など

④ 外部委託の統制活動
- 委託先の選定基準、成果物等の検収体制の制定
- サービスレベルの基準の明確化と委託先との合意　など

キーワード

IT業務処理統制
IT Application Controls

IT業務処理統制
　IT業務処理統制とは、特定の業務で利用されるアプリケーションシステムに埋め込まれた統制活動を意味します。例えば、購買業務において利用される購買管理システムや在庫管理システムで取引を処理するにあたり、取引の適切な承認を必要とし、漏れなく正確に記録・処理されることなどを担保するための統制活動です。

　情報システムに関する内部統制においてIT全般統制と対になる概念であり、IT全般統制の有効性を前提として、業務におけるアプリケーションシステムの利用から設定される統制目標を達成し、アプリケーションシステムの情報の信頼性を直接的に保証するための統制です。IT業務処理統制は、アプリケーションシステム内での統制だけでなく、そのアプリケーションシステムに関連する手作業の統制活動と一体となって機能します。

IT業務処理統制の統制目標の例
　業務で利用するアプリケーションシステムは多岐に及びますが、例えば会計システムを例にIT業務処理統制を考えてみましょう。会計システムについては、財務諸表監査におけるIT業務処理統制の有効性評価のなかで、次のような統制目標が考えられています（日本公認会計士協会IT委員会報告第3号より抜粋）。

① 会計データの網羅性
  - 会計データが漏れなく、重複なく記録され、残高更新され、未決済及びエラーとなった会計データは、期間内に全て適切に処理されていること
② 会計データの正確性
  - 会計データは、正確に適時に適切な勘定に記録されていること
  - エラーとなった会計データは、期間内に全て適切に処理されていること
③ 会計データの正当性
  - 会計データは、当該企業に財務的影響を及ぼす取引その他の事象を表

> し、かつ当該企業に承認されたものだけが入力され、処理されていること
> ④ ファイルの維持継続性
> ● マスタ・ファイルは、常に最新の状態に保たれ、正しく維持及び継続されていること
> ● 異なるIT間で利用される分散マスタ・ファイル間の整合性が保たれていること

IT業務処理統制の分類と統制活動の例

IT業務処理統制は、大きく以下の2種類の統制活動に分類できます。

① アプリケーションシステムに組み込まれ自動化された統制活動の例
- エディット・チェック：入力内容が入力を予定している内容と一致しているかどうかをチェックする機能（この入力チェックには、アプリケーションに手作業で入力されたデータだけでなくインターフェースされたデータも含まれます）
- マッチング：入力内容がマスタ・データなどのあらかじめ登録されたデータと合致しているかを確かめる機能
- コントロール・トータル・チェック：情報の処理過程において受入情報の数値項目などの合計を出力情報と照合する機能（販売システムから会計システムにインターフェースしているようなケースにおいて、システム間の接続での重複・漏れを防止するためにも適用されます）
- アクセス・コントロール：パスワードなどにより権限者とそれ以外の者を区分・承認する機能　など

② 人とITが一体となって機能する統制活動
- 情報システムが作成する例外処理報告書にもとづく管理者による確認
- プルーフリストによる入力内容の確認　など

COBIT
Control Objectives for Information and related Technology

COBITとは
　COBITとは、米国のISACA（Information Systems Audit and Control Association）の下部組織であるITガバナンスインスティチュートによって策定された情報と情報技術にかかわるコントロール（内部統制）のガイドラインです。

COBIT Products（旧COBITファミリー）
　COBITは、「COBIT Products（旧COBITファミリー）」と呼ばれる、用途に応じて策定された複数の文書から構成されます。

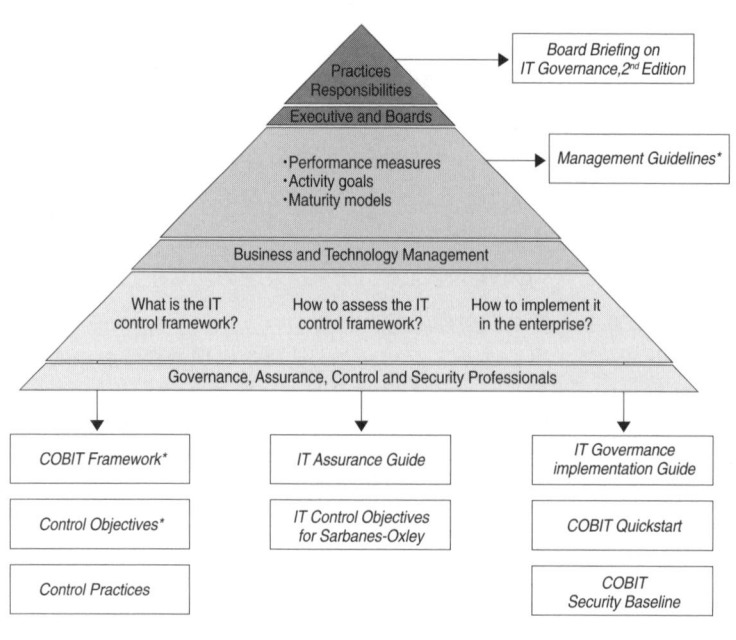

```
ピラミッド図：
頂点から
・Practices Responsibilities / Executive and Boards
  → Board Briefing on IT Governance, 2nd Edition
・Performance measures / Activity goals / Maturity models
  Business and Technology Management
  → Management Guidelines*
・What is the IT control framework?
  How to assess the IT control framework?
  How to implement it in the enterprise?
  Governance, Assurance, Control and Security Professionals

下段ボックス：
- COBIT Framework*
- Control Objectives*
- Control Practices
- IT Assurance Guide
- IT Control Objectives for Sarbanes-Oxley
- IT Govermance implementation Guide
- COBIT Quickstart
- COBIT Security Baseline
```

*Now integrated into COBIT 4.0

出典）COBIT4.0, IT Governance Institute, 2005.

① COBIT 4.0

　COBIT 4.0は、"Executive Overview"、"Framework"、"Core Content"、"Appendix"の4部から構成されます。Core Contentでは、全体で34のITプロセスごとに、必要なコントロールオブジェクティブ（統制目的）とコントロールを提供しています。例えば、情報システムのテストを例にとると「テスト項目やテストデータをユーザー部門が確認する」という手続きがコントロールの一つであり、この場合「本番稼動後のトラブルを少なくする」というのがコントロールオブジェクティブになります。

② IT Assurance Guide（監査ガイドライン）

　コントロールオブジェクティブに従って監査を実施する場合の監査手続きや監査ポイントを示したものです。

③ IT Control Objectives for Sarbanes-Oxley（サーベンス・オクスリー法（企業改革法）対応のためのIT統制目標）

　米国の企業改革法の要求に従い、経営陣、IT管理者、監査人がIT統制を評価する際に利用できるIT統制（コントロール）の目標を示したものです。

COBITの利用方法

　COBITの利用方法には、COBITのフレームワーク全体を組織に適用する方法と、部分的にCOBITを利用する方法があります。部分的なCOBITの利用例には、次のようなものが考えられます。

- 「COBIT4.0のコントロールオブジェクティブ」を用い、IT管理規定を策定する。
- 「COBIT4.0の成熟度モデル」を用い、自社のIT管理のレベルを評価する。
- 「COBIT4.0のKGI*/KPI」を用い、IT管理の評価指標を導入する。
- 「IT Assurance Guide」を用い、システム監査のマニュアルを策定する。

*KGI（Key Goal Indicator：重要目標指標）

キーワード

SAS70
米国監査基準書第70号
Statements on Auditing Standards No.70

SAS70とは

　SAS70とは、アウトソーシングサービスなどの受託業務にかかわる内部統制について評価する監査人の業務に関する基準として、米国公認会計士協会（AICPA）が定めたものです。業務の受託を行っている企業は、SAS70にもとづき作成された報告書を提供することによって、受託業務の内部統制の有効性について委託者に報告することができます。

　SAS70報告書は、米国の企業改革法第404条（SOX法第404条）の施行以前から広く利用されていましたが、SOX法第404条の施行後、企業が、外部に委託した業務にかかわる内部統制を評価する方法の一つとして、あらためて関心が高まっています。

SAS70報告書の用途

　SOX法第404条への対応を行う企業は、自社の財務報告の信頼性を確保するうえで重要であれば、第三者に委託した業務についても、内部統制の有効性を評価することが求められています。SAS70では、受託者が受託業務において実施している内部統制を、委託者側の財務報告にかかわる内部統制との関係において評価します。このためSAS70報告書は、委託者がSOX法第404条にもとづき内部統制を評価する目的に使いやすい内容となっているといえます。

SAS70報告書の種類と開示先

　SAS70で作成される報告書には、基準日における内部統制の設計の有効性を評価するタイプ1と、その内容に加えて一定期間における内部統制の運用の有効性を評価するタイプ2の2種類があります。SAS70報告書は、報告対象の受託業務の直接の委託者およびその会計監査人に限り、受託者から開示することが認められています。委託者とその会計監査人が、委託業務における内部統制の有効性を評価する目的では、通常タイプ2報告書が利用されます。

SAS70報告書の構成

　SAS70報告書は、次の4部で構成されます。

① 第1部　独立監査人による報告書

　独立監査人が実施した手続きの概要、およびその結果にもとづく監査人の意見などが記述されます。

② 第2部　受託業務にかかわる内部統制の記述（内部統制記述書）

　受託業務において、受託者が整備し運用している内部統制の内容が、COSOによる内部統制の枠組みを利用しながら記述されます。

③ 第3部　独立監査人による情報提供

　受託業務にかかわる内部統制における、受託者による統制目的と統制手続き、ならびに独立監査人が実施する検証手続きとその結果が記述されます。

　統制目的および統制目的を達成するために実施される統制手続きは受託者によって特定されます。また独立監査人は、特定された統制手続きが有効に機能しているかを検証するために実施した手続きと、その結果を記述します。

　第3部は、タイプ1報告書では必須ではありませんが、タイプ2報告書では必ず作成されます。

④ 第4部　受託者によるその他の情報提供

　将来予想される変更や、独立監査人による検証対象に含まれないなど第3部までの記述には含まれない事項で、受託者から委託者に提供しておくべき情報がある場合に作成されます。

独立監査人による報告書

　タイプ1報告書では、①基準日における内部統制の状況が、内部統制記述書に適切に記述されているか、②記述された内部統制は、受託業務にかかわる統制目的を達成できるように設計されているか、③記述された内部統制が基準日時点で実際に適用されていたかについて、独立監査人の意見表明を行います。またタイプ2報告書では、タイプ1報告書の評価に加えて、④一定の期間、統制手続きが有効に運用されていたかについて、意見表明を行います。

SAS70のメリット

受託者が、SAS70報告書を定期的に作成し、委託者に開示することによって、次のような効果が期待できます。

① SAS70報告書によって、受託者は、受託業務にかかわる内部統制の状況と独立監査人による客観的な評価の結果についての情報を、委託者およびその会計監査人に提供することができます。

② 委託者は、財務報告にかかわる自社の内部統制を評価する際に必要となる、委託業務における内部統制の情報を入手する方法の一つとして、SAS70報告書を利用できます。またその会計監査人は、委託者を対象とした会計監査および内部統制評価を行うにあたって、必要な情報を入手する方法の一つとして、SAS70報告書を利用できます。

③ 受託業務を対象としたシステム監査や内部統制評価に必要な負荷を、受託者、委託者、およびその会計監査人それぞれで軽減できる可能性があります。

SAS70の主な事例

SAS70報告書や、日本基準による同様の報告書は、日本では金融機関の信託業務などで数多く作成されています。また、情報システムのデータセンターや電子認証局の運用・運営業務を対象としたSAS70報告書も数多く作成されており、今後はさらに多くのSAS70報告書が作成、利用されることが予想されます。

日本における基準

日本でも、SAS70と同じ目的をもつ監査基準である、監査基準委員会報告書第18号（中間報告）『委託業務に係る統制リスクの評価』が、日本公認会計士協会により公表されています。日本版SOX法への対応では、委託業務にかかわる内部統制を評価する手段として、第18号報告書が注目されることになります。

CSR
企業の社会的責任
Corporate Social Responsibility

CSRとは

CSR（企業の社会的責任）とは、企業が業績という経済的価値のみならず、環境や社会といった広範な価値の実現をバランスよく追求することで、企業自身の事業継続性や成長性を高め、また、ひいてはより良い社会の創造につなげようというものです。そのために企業は、企業を取り巻く多くのステークホルダーからの要請にバランスよく応え、また適切なアカウンタビリティを果たしていく必要があります。

企業は、本質的に経営者が株主のために企業経営を行っていくことが重要であり、株主価値の最大化・企業利益の最大化を目指しますが、そればかりではなく、雇用の確保、従業員や取引先への適正な対価の支払い、適正な税金の負担、さらに地域社会との調和などが、企業が果たすべき大きな役割となっています。

CSR登場の背景

成熟した資本主義社会において、「企業」と「社会」との関係は多面的で、かつ深いものとなりました。そして、企業に対する期待と評価がより広範なものとなり、21世紀型社会の企業に対する期待は、従来の経済的価値から社会的価値や環境的価値の提供にまで広がってきました。近時、日本において、社会の期待に背く行動をとった企業が、社会的信用・信頼の失墜により、その企業価値を一瞬にして喪失するといった事象が多発しました。これは前述の変化を如実に物語るものです。こうした事業環境の変化は、現代企業にとっての新しいリスクでもあり、また同時に事業機会でもあります。CSRは、従来、企業が社会貢献活動（メセナ）やコンプライアンス活動をとらえる視点としてもっていたような「コスト」でも「義務」でもなく、21世紀の企業戦略における重要課題の一つであり、経営の中核そのものといえるのです。

CSRに取り組む意義──SRI（社会的責任投資）の拡大

企業がCSRに取り組む意義の一つに、社会的責任投資（Socially Responsible Investment：SRI）の拡大という背景があります。社会的責任投資とは、収益

や配当性向などの財務的パフォーマンスのみならず、投資対象企業が積極的に社会的責任を果たしているかどうかについても、投資に際しての判断基準としようとする投資行動で、欧米で急速に広まりました。この要因としては、市民運動・社会運動が活発になったことや、SRIの運用実績が長期的に見て優良であることなどが挙げられています。SRIの運用利回りについては、さまざまな研究がなされていますが、社会的責任を果たす企業、すなわち企業を取り巻くステークホルダーのニーズ変化をいち早く認識してきた企業は、概してビジネスリスクへの対応能力が高いといえ、長期的に安定した投資対象となり得るために長期保有されやすく、結果として、高い運用実績が期待できるともいわれています。

　SRI投資評価は、各調査機関独自の評価視点で採点されています。従来は、環境保全への配慮、女性やマイノリティなどの人権擁護、地域コミュニティの発展や寄与に関する事項、企業利益や利益水準にふさわしい寄付行為などの社会貢献活動、海外事業での劣悪な雇用や児童労働がないことといった雇用に関する事項などがその投資の判断基準でした。しかし、個別のCSRテーマへの対処状況の評価から、社会的・倫理的・環境的リスクを熟知してそれに対処する効果的な全社的リスクマネジメントを継続的に実施するためのマネジメントシステムの評価へと、投資家の視点が移行しています。SRI投資基準を満たすマネジメントシステムの構築は、各企業にとっての急務といえます。

CSRに取り組む意義——取引先からの要請

　さらにCSRに取り組む意義には、取引先から要請される場面が増えている要因もあります。サプライチェーンが高度に発達している現代において、自社単独の範囲でCSR推進活動を実施していたとしても、それでその企業が社会的責任を十分に果たしているとは言い切れなくなっています。例えば、流通小売業ではサプライヤー（供給先）に、あるいは製造業では部品製造会社に、それぞれCSRにもとづいた調達基準を提示することが増えています。

　また、資金調達の面でも、金融機関がCSRに積極的に取り組む企業に対して金利の優遇措置を行う事例もあります。このように、CSRへの取組み状況が、

【CSR経営モデル】

```
          コミュニケーション
          
          現状評価    対策    モニタリング
          /計画
主  セキュリティ      ス        C       モ
要  事業継続マネジメント(火災対策等)  テ    S    ニ
な  財務報告         ー    R    タ
社  コンプライアンス   ク        施    リ
会  従業員満足        ホ    策    ン
責  環境             ル    の    グ
任  人権             ダ    実    と
テ  品質管理         ー    施    改
ー  顧客満足         分         善
マ                 析         活
                              動

          社内意識と企業風土
```

事業活動の成果そのものに影響する場面が増えつつあります。

CSRの取組み

　CSRに含まれる個々のテーマは非常に幅広く、これまで企業が取り組んできたものも多く含まれます。例えば、環境保全活動、社員のボランティア推進、従業員満足度向上、情報セキュリティ、災害対策などが挙げられます。

　このような取組みについて、企業がCSR報告書などを外部に対して発行する動きも活発になってきています。

　重要なのは、さまざまなテーマに対して個別に対応するのではなく、一貫性のある自社のCSR戦略を実装する態勢づくりです。CSRに関する自社の課題を一元的に把握し、自社戦略に即した形で評価・重み付けを行い、施策を立案・実行し、そして継続的なモニタリングを進めることが必要です。

　また、その際には単に制度的な対応だけではなく経営者のコミットメント、社内風土、コミュニケーション環境といった領域での対応も重要となります。これは、内部統制の整備そのものであり、CSR経営の実践には不可欠な要素なのです。

キーワード

CSR報告書
CSR Reports

CSR報告書とは

　企業のCSRへの取組みについての重要な情報開示手段として位置づけられるのが、CSR報告書です。CSRの取組みを企業経営の中核に据える動きが加速するなかで、CSR報告書は、多様なステークホルダーに対して、企業が経済・環境・社会などの幅広い分野における責任を果たしながら企業自身の持続的な発展を目指す取組みを開示することから、サステナビリティ報告書（持続可能性報告書）と称される場合もあります。

　『KPMG企業責任報告に関する国際調査2005』によれば、環境報告書を含めた社会的責任に関する報告書を発行する企業は、特にここ3年で世界的に大きく増加しており、グローバルフォーチュン500社のうちの上位250社（G250）の52％が単独の報告書を発行しています。

環境報告書からの進化

　日本では、財務報告以外の情報開示としては、環境分野への取組みについて環境報告書による情報開示が進められてきました。環境マネジメントシステム（ISO 14001）の認証取得にともない各社において、自身の環境情報の収集・整備が進んだこと、また、2001年2月に環境省より発行された環境報告書ガイドラインや、その後に同省より公表された環境会計ガイドライン、環境パフォーマンス指標、さらには経済産業省からの『ステークホルダー重視による環境レポーティングガイドライン2001』（2001年6月）の公表などは環境報告書の普及に一役買ったといえるでしょう。KPMGによる調査においても、G250に入る日本企業40社のうち約80％の企業が（環境報告書を含む）社会的責任に関する報告書を出しています。

　近年のCSR概念の浸透により、従来の環境情報一辺倒の報告書から、経済・環境・社会というトリプルボトムラインに関する成果を報告する「CSR報告書」へと転換を始めている企業が増加している点には注目すべきでしょう。世界的に見ても、1999年までは環境報告書であったものが、次々とCSR報告書に移行しています。2005年で、G250企業の報告書の68％が持続可能性報告書として区分されており、既に主流となっています。

報告書ガイドラインの整備

　実務上も多様なステークホルダーを視野に入れた持続可能性への対応が必要とされつつあるなか、その情報開示に関する指針となるのは2000年に発行されたGRI (Global Reporting Initiative) ガイドラインです。欧州を中心とした最近の持続可能性報告書に関する取組みの進展に対応する必要から、環境省でも、その動向をふまえて前述の環境報告書ガイドラインの改訂（2003年度版）を行いました。

　これにより企業が発行するCSR報告書では、自社のCSRに係るビジョン、戦略や組織のほか、自社の統治機構とマネジメントシステム、ステークホルダーに係る経済的影響、環境パフォーマンス指標、労働慣行および公正な労働条件・人権・社会・製品責任などの社会的パフォーマンス指標などが記載されています。

CSR報告書の方向性

　グローバル化や情報化の進展により、株主のみならず顧客、従業員、NGO、投資家など多様なステークホルダーと企業との関係が変化していることから、CSR報告書の作成にあたっては、その関係を整理したうえで適切なコミュニケーションを行うことが重要です。欧米の先進企業では、主要顧客、研究者、市民利害グループ、SRI（社会的責任投資）関係者などをメンバーとする報告書の外部アドバイザリーグループを組織し、同グループから特に取組みを要請された事項についてその詳細を報告書で開示しており、一方通行の情報開示ではなく対話型の姿勢をとっています。ステークホルダーとの直接対話がCSR重視の経営戦略の重要な鍵となっていることを表しているといえます。

CSR報告書の信頼性

　CSR報告書については、情報の信頼性を担保する考え方から、経営者に開示内容の不備・不足を認識させて、より責任ある行動へと導く手段として、第三者による情報の審査が進みつつあります。第三者審査とは、報告書を作成・公表する企業から独立した第三者が、報告書に記載された「パフォーマンス情報

の正確性」「報告内容の網羅性」「対策内容の適切性」「法律などの遵守状況」などを「合意された手続き」により審査した結果を発見事項として報告する保証業務です。

　CSR報告書について、ガイドラインが整備されつつあるといっても、CSRは急速に注目を浴びて、その範囲や内容の深化は広がる一方であるために、どのような活動内容を情報開示すべきか、判断に迷うところです。情報の正確性・網羅性などを担保したいという情報活用者側および企業側の双方のニーズに応えて、第三者審査の重要性も高まりを見せることになるでしょう。

GRIガイドライン
Global Reporting Initiative Guidelines

GRIガイドラインとは
　GRIガイドラインとは、企業が組織の経済・環境・社会的なパフォーマンスを報告するための枠組みで、持続可能性報告書（サステナビリティ報告書、CSR報告書などを含む）の世界的な標準の一つとして、内外の多くの企業が採用しているガイドラインです。

　その内容は「序文」、「ガイドラインの使い方」、透明性や比較可能性、監査可能性といった「報告原則」、パフォーマンス指標を含む「報告書の内容」、「用語解説と付属文書」の5部構成になっています。企業の持続可能性報告書の作成に際して、組織の経済・環境・社会的パフォーマンスを正確かつバランスよく情報開示する手助けとして、また、各社が開示する持続可能性報告内容の比較可能性、持続性のベンチマークを可能にするものとして活用されています。誤解されることが多いのですが、GRIガイドラインは行動規範やパフォーマンスの基準、マネジメントシステムの規格要求事項を解説したものではありません。

GRIの概要
　GRIとは、グローバル・スタンダードとなる持続可能性報告のガイドラインを策定し、普及させることを使命とする国際的組織です。企業全体の「持続可能性報告書」について全世界で通用するガイドラインを立案することを目的に、セリーズ原則を策定した米国のNGOであるCERES (Coalition for Environmentally Responsible Economies) や国連環境計画 (UNEP) が中心になって1997年秋に設立されました。GRIへの参加者は世界各地の企業、NGO、コンサルタント、会計士団体、事業者団体などで、環境報告書に関して活動している団体や個人を網羅しています。

GRIガイドラインの変遷
　GRIはその設立以来、ガイドラインの取組みに着手し、1999年3月には公開草案を発表し、その後パイロットテストを経て2000年6月に第1版を発表しました。また、社会全体の変化に対応するためにガイドラインの定期的な見直し

の必要性を認識し、当面2、3年ごとに見直しをする方針を掲げ、2002年11月には2002年版を公表しています。現在は、ISOを含め他の取組みとの連携など、事実上の世界標準の確立に向けた取組みが進んでいます。

　2002年版の最大の注目点は「経済的指標」および「社会的指標」の開発の進展です。ただし、依然として環境的指標に比べて未開発であることが指摘されており、特に経済的指標は最も開発が遅れています。なお社会的指標は、「労働慣行」「人権」「社会」の3つのカテゴリーに分類され、ILO（国際労働機関）など主要な国際協定との整合性を高めるよう工夫されています。

GRI サステナビリティリポーティングガイドライン2002
パートB：報告原則
　報告原則の構成
パートC：報告書の内容
　GRI 報告書の内容
　1．ビジョンと戦略
　2．報告組織の概要
　3．統治機構とマネジメントシステム
　4．GRI ガイドライン対照表
　5．パフォーマンス指標
　　●経済的パフォーマンス指標
　　　直接的な経済的影響（顧客／供給業者／従業員／出資者／公共部門）
　　　間接的な影響
　　●環境パフォーマンス指標
　　　原材料／エネルギー／水／生物多様性／放出物、排出物および廃棄物／供給業者／製品とサービス／法の遵守／輸送／その他全般
　　●社会的パフォーマンス指標
　　　労働慣行および公正な労働条件／人権／社会／製品責任

現在、2002年版に続き、サステナビリティ・リポーティング・ガイドライン第3版（G3）が準備されています。その草案は2006年1月2日から同年3月31日の90日間公開され、幅広く一般の意見を募り、寄せられた意見にもとづいて修正を行い、GRI のガバナンスシステムを含む承認手続きを経て、最終版が2006年10月に発行される予定です。

GRIガイドラインの活用方法

欧米を中心にSRI（社会的責任投資）が急速に発展してきており、日本でも同様に複数のSRIファンドの設立やINDEX（評価指標）の開発が進んでいます。それにともない欧米の格付機関、機関投資家などから、日本企業に対する社会的側面のパフォーマンスについての注目が高まっています。こうしたIRニーズへの対応をはじめ、各ステークホルダーから求められる情報開示を進める企業にとって、その第一歩として参照・準拠すべき基準がGRIガイドラインといえます。

GRIガイドラインは情報開示のガイドラインではありますが、単なる報告書作成目的としてではなく、自社のCSR施策を推進する場合、またはパフォーマンス指標をモニタリングする場合など、PDCAサイクルのさまざまな場面で使いこなすことで、CSR推進が充実することになります。

参考文献
「GRIとは」（GRI日本フォーラム）http://www.gri-fj.org/about/index.html
「Global Reporting Initiative」http://www.globalreporting.org/

キーワード

経営品質
Management Quality

経営品質とは
　経営品質とは、企業が生産し提供する製品やサービスの品質だけでなく、企業が長期にわたって顧客の求める価値を創出し、市場・社会での競争力を維持するための「経営自体の仕組みの良さ」のことを指します。1980年代後半、米国が産業競争力を失っていた頃、レーガン政権が国家プロジェクトとして米国国家品質賞（いわゆるマルコム・ボルドリッジ賞）を創設し、日本企業などをベンチマークした結果を、経営品質のフレームワークに整理して米国企業に積極的に推奨したことが経営品質の概念を注目させるきっかけとなりました。日本では、バブルの崩壊で競争力に陰りが生じた頃、米国のマルコム・ボルドリッジ賞に倣って1995年に「日本経営品質賞」が創設され、その内容も度々アップデートされています。

日本経営品質賞の内容とポイント
　米国が日本企業を中心にベンチマークを行ったなかで、日本企業の弱点として注目した点は以下のような点です。
- 多くの日本企業が「戦略」と「事業計画」（予算目標の達成）を履き違え、結果的に「経営ビジョン」や「戦略」を疎かにしていること
- モノづくりのPDCA管理は優れているが、経営そのもののPDCA管理は不十分であること
- 特に、計画（P）、実施（D）の後の、評価（C）と改善（A）のためのモニタリング活動が疎かである（⇒よく見られる例：マニュアル作成した後は放置、有効性の評価せず）

　このようなポイントから、マルコム・ボルドリッジ賞では経営品質向上のためのフレームワークを提示しました。日本経営品質賞もこれに倣い、「顧客本位」「独自能力」「社員重視」「社会との調和」の4つの要素から構成される「基本理念」と、「クオリティ」「リーダーシップ」「プロセス」「知の創造と活用」「時間とスピード」「パートナーシップ」「フェアネス」といった「重視する考え方」をもとにした8つの要素からなるフレームワークを整理しています。
　要は「経営品質の向上＝儲かる経営の仕組みをつくること」であり、「経営

ビジョン」を明確にし、会社全体で共有化を図ること（ドメイン・顧客の定義など）、「経営ビジョン」を実現するために、どのような「強み」（独自能力）が必要か明らかにすること（「弱み」も認識する⇒事業リスク分析そのもの）、「経営ビジョン」を実現し、「強み」（独自能力）を高めるために「自らが学習する組織」の仕組み（PDCAサイクル）を作り上げることが大切です。その意味で、PDCAサイクルというマネジメントシステムという点では、「内部統制」と類似する概念であり、多少視点が違うものの、フレームワークの観点から企業の仕組みを整え、業務の効率化・中長期的利益体質の向上を図る点では共通する考え方といえます。

参考文献
加護野忠雄（監修）、関西生産性本部（編著）：『経営品質向上プログラム』、ダイヤモンド社、2003年。

キーワード

コンプライアンス／インテグリティプログラム
Compliance/Integrity Program

コンプライアンス／インテグリティプログラムとは

　企業が法律や規則の遵守にのみ焦点を当てていたとき、そのような企業の努力は「狭義のコンプライアンスプログラム（法令等遵守プログラム）」と呼ばれていました。米国では1980年代に入ると、不祥事などの反省から、多くの企業が倫理の重要性を認識するようになり、その活動は「倫理プログラム」とも呼ばれるようになりました。今日の市場には、これら2つの名称だけでなく、さまざまな名称の同様の内容をもつプログラムがあります。

　各企業では、何年にもわたって、いかにして従業員が会社の価値観や行動規範、方針などを理解・共有し、それに準拠した行動をとることができるかについての取組みが繰り返し行われてきました。このようなゴールを追求するプログラムは、伝統的に「コンプライアンスプログラム」と呼ばれてきました。

　最近のこうした取組みでは、単なる法令の遵守に限定せず、倫理面も含んだプログラムに焦点が合わされています。KPMGではこれらすべてのプログラムを総称して「インテグリティプログラム」と呼んでいます。

インテグリティプログラムの対象範囲・目的

　インテグリティプログラムの対象範囲・目的を整理すると次のようになります。

①　法令等（法規範）を遵守した行動
②　社内規程およびマニュアルなど（社内規範）を遵守した内部管理・リスクマネジメント的行動
③　倫理および社会規範等（企業倫理規範）を遵守した行動
④　経営理念等に適った行動

インテグリティプログラムの構成要素

　前述の①から④を対象範囲・目的としたインテグリティプログラムについて、KPMGでは次の図に示す構成要素からなる「仕組み」およびその「実践プロセス」としてとらえています。

【実効性のあるコンプライアンス態勢（インテグリティプログラム）】

防止システム 価値観にもとづく行為を動機づけ、問題行為を防止	1.リーダーシップとガバナンス	経営陣の監視・CCO・経営陣の役割など
	2.行動基準	ミッション／ビジョン／バリュー・基本基準など
	3.情報とコミュニケーション	コンプライアンスマニュアル／方針・憲章、ニュースレターなど
	4.教育研修	一般的な啓発・テーマ別研修など
	5.評価システム	採用基準・成果の評価、懲罰手続きなど
発見システム 問題行為の発見	6.監査とモニタリング	モニタリング・監査・自己チェックなど
	7.相談・報告体制	内部通報制度（ホットライン）・ヘルプラインなど
対処システム 問題発見時の適切な対応	8.違反対応と継続的改善	調整手続き・自己申請・プログラム修正

キーワード

連邦量刑ガイドライン
The Federal Sentencing Guidelines for Organizations

連邦量刑ガイドラインとは

　米国においては、1970年代に発生したウォーターゲート事件やロッキード事件という大規模な不正事件をきっかけとして、コンプライアンスの重要性について社会の関心が高まりました。しかし、米国企業のコンプライアンスマネジメントへの積極的取組みを促進した最大のきっかけは、1991年に施行された連邦量刑ガイドラインであったといわれています。

　連邦量刑ガイドラインとは、連邦法上の犯罪に対する連邦裁判所の量刑裁量の基準を明確化・公平化するために作成されたガイドラインです。

　この連邦量刑ガイドラインには、次のような特筆すべき2つの特徴があります。

　① 量刑の決定にあたっては、被害者に対する救済を第一義としている点です。裁判所は必要と考えられる場合は、罰金刑の宣告を猶予し、会社に対して金銭的な賠償を含めた被害の原状回復を条件とした保護観察とすることが可能であり、被害者の原状回復を罰金刑に優先してでも達成しようとしています。

　② 企業犯罪における量刑の決定を、コンプライアンスマネジメントと結び付けている点です。ガイドラインに示された「有効なコンプライアンス・倫理プログラム」を実施している企業については、量刑を軽減する規定を設けています。一方で、このようなプログラムを構築していない企業には、罰金刑を宣告する前に猶予期間を与え、同プログラムを作成・実施することを前提に保護観察とすることができるとしています。

　特に、②が、その後の企業におけるコンプライアンスへの取組みに大きな影響を与えることになったのです。

連邦量刑ガイドラインが定めるコンプライアンス・倫理プログラムの7つの基準

　法令等遵守のための有効なコンプライアンス・倫理プログラムの要件は、以下の7つの基準を満たすプログラムを策定・実施することであるとされています。ただし、具体的にどのような施策を実施すればよいかについては、各企業

の自主性に委ねられています。

① 基準と手続きの確立
　犯罪行為を予防・発見するための基準や手続きを確立すること。

② 管理体制の確立
　(a) 会社の取締役会は、コンプライアンス・倫理プログラムの内容と運用状態を把握し、プログラムの実施とその有効性について適切に監視すること。
　(b) 会社の上級幹部をプログラム全体の責任者として任命し、効果的なコンプライアンス・倫理プログラムを保持させること。
　(c) 会社の特定の者に、コンプライアンス・倫理プログラムの日常の執行に関する権限を委譲し、上層部、取締役会などに対し、コンプライアンス・倫理プログラムの有効性について定期的に報告すること。また、当該担当者に、適切なリソースや権限等が付与されていること。

③ 権限委譲の適切性確保
　コンプライアンス・倫理プログラムに適合しない行動をとる恐れがある者を、重要な権限を有する職位に就かせないよう適切に努めること。

④ 教育・情報伝達の徹底
　効果的なトレーニングプログラムを実施したり、各役職員の役割・責任に対応した情報を伝達したりすることによって、会社のすべての構成員に対してコンプライアンス・倫理プログラムの基準や手続きなどを適切な方法で定期的に伝達すること。

⑤ モニタリング・監査・報告システムの確立
　次の事項について、適切な措置を講じること。
　(a) 犯罪行為を発見するためのモニタリングや監査を含め、コンプライアンス・倫理プログラムが確実に遵守されるようにするための措置

 (b) コンプライアンス・倫理プログラムの有効性を定期的に評価するための措置
 (c) 従業員等が報復などを恐れることなく犯罪行為の事実またはその可能性を報告し、指導を求めることができるようなシステムを、匿名での報告を認める仕組みも含めて導入するための措置

⑥ 適切なインセンティブ付与・懲戒の徹底
 コンプライアンス・倫理プログラムを遵守するための適切なインセンティブ付与や、犯罪行為への関与または犯罪行為の予防・発見のための適切な措置を講じなかったことに対する懲戒処分をとおして、コンプライアンス・倫理プログラムが常に全社的に推進・強制されること。

⑦ 犯罪行為への適切な対応と再発防止対策
 犯罪行為が発見された場合には、コンプライアンス・倫理プログラムに必要な修正を施すことも含め、犯罪行為に対して適切に対応し、同種の犯罪行為の再発を防止するために適切な措置を講じること。

行動規範
Code of Conduct

行動規範とは

　行動規範は、英語ではCode of Conductと表現されます。日本では、「倫理要綱」「行動指針」「コンプライアンスマニュアル」「従業員ハンドブック」など、さまざまな名称・形態で制定されています。

　一般に、行動規範は、各企業におけるコンプライアンスの基本方針として位置づけられており、各企業にとって特に重要な行動基準・基本原則を明確にしてそれを全社的に伝達・周知すべきものとして制定されています。

　コンプライアンス先進国の米国において、行動規範は、連邦量刑ガイドラインが1991年に制定される以前から既に多くの企業で一般的なものとなっていました。1987年のある調査では、273社のうち79％の会社が既に行動規範を有していました。1991年に実施された同様の調査では186社のうち84％の会社が、そして2000年には米国のトップ1,000社の97％の会社で行動規範が制定されていることが明らかになっています。

作成手順・周知策

　行動規範は、既に多くの企業で制定済みと思われますが、本来的な作成手順は次のとおりです。

① コンプライアンスリスクを棚卸して、各リスクの発生可能性・影響度、およびそれをふまえた重要性を評価する。

② ①の結果、優先順位が高い（重要性大）リスクが社内規程・マニュアルなどの行動基準として網羅されているかどうかを確認。網羅されていなければ行動基準を制定あるいは改訂する。

③ 優先順位が高い（重要性大）リスクのなかから、基本方針・基本原則として全社的に伝達・周知すべき事項を整理して、行動規範として制定する。

　行動規範は、各企業にとって特に重要な行動基準・基本原則を全社的に的確に伝達・周知することが求められます。したがって、行動規範は、的確にコミュニケーション（情報の伝達と共有）できるように「わかりやすく、理解できるもの」として整理・表現されることが基本となります。

従業員に端的に会社の倫理的価値観を植え付けることができれば、詳細な法令の理解を促さなくとも自ら会社の倫理的価値観にもとづく意思決定をすることが期待できます。しかし、一方で倫理的価値観だけを述べた行動規範は、理念的・抽象的になり従業員に具体的な行動規範として伝わらない弱点もあわせもっています。そこで、会社のルール（社内規程などの行動基準）を具体的に記述するアプローチも同様に必要となってきます。

　行動規範自体は、行動基準・基本方針を端的に整理し、列挙する形が基本ですが、あわせて具体的な解説と事例紹介を行うコンプライアンスマニュアルやハンドブック、事例集などを策定し、セットで提示・周知する例が一般的です。

　また、行動規範を受け取った従業員から「誓約書」「確約書」を取り付けるといった方法も、会社と従業員との間で、行動規範遵守の合意（コミュニケーション確保）を確認する意味で検討に値すると思われます。

CCO
コンプライアンス統括責任者
Chief Compliance Officer

CCOとは

　CCO（Chief Compliance Officer）とは、企業のコンプライアンス態勢の構築・運営に関する全社的な統括責任者のことをいいます。CCOが設置されていない場合でも、コンプライアンス担当役員、コンプライアンス委員会委員長などが同じ機能・役割を有している場合もあります。CCOやコンプライアンス担当役員には、コンプライアンス態勢を適切かつ有効に運営していくために、営業などの業務推進部門の担当役員と対等以上の立場を確保することが求められます。

　日本経済団体連合会の『企業行動憲章実行の手引き（第4版）』の「9-3　全社的な取り組み体制を整備する。」においても、「代表取締役クラスの役員を企業倫理の担当役員に任命する。」とされています。なお、CCOと同義で、CIO（Chief Integrity Officer）という言葉が用いられるケースもあります。

コンプライアンス態勢における責任者等

　コンプライアンス態勢を構築・推進していくうえでの担当組織・責任者等には、CCO以外にも以下のようなものがあります。

① 　コンプライアンス統括担当

　コンプライアンス態勢を構築・推進する際の実務面での中心的役割を果たす担当組織です。独立組織として設置するのが望ましい姿ですが、既存部署内にコンプライアンス統括担当者を特定・設置する場合もあります。

　主な役割は、コンプライアンスプログラム案の策定、推進、進捗状況の管理、規程・マニュアル等の整備・教育周知、コンプライアンス関連情報の相談・報告窓口などです。

② 　各部署の（兼務型）コンプライアンス責任者・担当者

　各部署でコンプライアンスを推進・調整する責任者・担当者として設置されます。主な役割としては、各現場でのコンプライアンス関連事項の周知・徹底、所属員からの相談などの受付け、統括部署への報告などです。

なお、この各部署のコンプライアンス責任者・担当者のことをコンプライアンスオフィサーと呼んでいる企業もあります。

③ （現場型）コンプライアンスオフィサー
　CCOや各部署の（兼務型）コンプライアンス責任者・担当者等をコンプライアンスオフィサーと呼ぶ場合もありますが、ここでは現場に配置されるコンプライアンス専門担当者で、コンプライアンス関連事項の事前・事後のチェックなどが主な役割となります。②のコンプライアンス責任者・担当者と異なり、ここでのコンプライアンスオフィサーは、客観的かつ厳正なチェックを行う観点から、CCOや統括部署直属であるのが通常です。

内部通報制度
Internal Hotline System, Whistleblower Program

内部通報制度とは
　内部通報制度とは、企業において、法令違反や不正行為などのコンプライアンス違反の発生またはその恐れのある状況を知った者が、そのような状況に適切に対応できる窓口に直接通報することができる仕組みのことです。名称は、「ヘルプライン」「ホットライン」「コンプライアンス相談窓口」などさまざまです。

　コンプライアンス経営において重要な役割を果たす「情報伝達」には、上司やコンプライアンス担当者などを経由する通常ルートと、通常ルートが何らかの理由で機能しない場合の非常時のルートが必要であり、内部通報制度は後者の伝達ルートとして位置づけられます。内部通報制度は、企業のコンプライアンス経営を有効に機能させるうえで重要な役割を担っている制度なのです。

内部通報制度導入の動向
　米国では、1990年前後に企業の不祥事を背景とした法令などの整備が行われ、コンプライアンス経営の進展とともに内部通報制度の導入が進みました。米国の研究機関が1994年に実施した調査によると、同国の有力企業の3分の2が内部通報制度を有しているという結果が出ています。

　一方、日本では、「目安箱」など密告制度というと暗いイメージがつきまとい、以前は導入をためらう企業が多く見受けられました。

　しかし、日本でも内部告発に端を発した不祥事が続発したことを背景として、2002年10月に日本経済団体連合会が「企業行動憲章」を改訂し、「企業倫理ヘルプライン」(内部通報制度)の導入を奨励しました。そのこともあって、徐々に内部通報制度を導入する動きが広がってきました。

　さらに、2004年6月に「公益通報者保護法」が制定(2006年4月施行)されたことから、日本でも急速に内部通報制度を導入する動きが活発化しています。内閣府が2004年10月に実施した国内一部上場企業を対象としたアンケート調査(回答企業776社、回収率50.1％)によれば、すでに内部通報制度を導入している企業は40％で、今後整備を検討するとした企業がさらに51％あり、整備する予定がない企業は8％にとどまりました。

内部通報制度

　内閣府ではホームページなどを通して、『公益通報者保護法に関する民間事業者向けガイドライン』(2005年7月19日)を公表し、事業者がコンプライアンス経営への取組みを強化するために、内部通報を事業者内で適切に処理するための指針を示しています。

内部通報制度整備上の留意点

　内閣府が示した『公益通報者保護法に関する民間事業者向けガイドライン』の概要は以下のとおりです。

1. 事業者内での通報処理の仕組みの整備
    - 全社的かつ一貫した仕組みとしての整備
    - 通報窓口・相談窓口の整備（外部を含めた窓口機能の検討）
    - 内部通報制度規程の整備（規程の事例紹介あり）
    - 秘密保持の徹底
    - 受付担当者・調査担当者の利益相反関係の排除
2. 通報の受付
    - 通報者に対する通報受領の通知
    - 公正・公平・誠実な通報内容の検討
    - 個人情報の保護
3. 調査の実施
    - 調査と個人情報の保護
    - 調査状況・結果などの通報者への通知
4. 是正措置の実施
    - 是正措置・再発防止策・処分の徹底と関係機関等への報告
    - 是正措置等の通報者への通知
5. 通報者に対する解雇・不利益取扱いの禁止
    - 解雇・不利益取扱いの禁止
6. フォローアップ
    - 是正措置・再発防止策・不利益取扱いなどに関するフォローアップ

7. その他
● 仕組みの周知・研修など

　内部通報制度は、前述の内閣府ガイドラインをはじめ、多くの企業の導入事例があり参考になりますが、その仕組みや運営方法は、各企業の組織風土、規模・業種特性、さらにはその企業のコンプライアンス態勢によってさまざまな形態が考えられます。したがって、内部通報制度を有効なものとするためには、各企業のコンプライアンス態勢整備の一環（一部）として検討し、整備・運用していく必要があります。

参考文献
「公益通報者保護制度ウェブサイト」 http://www5.cao.go.jp/seikatsu/koueki/

キーワード

不正調査
Forensic

不正調査とは

　企業活動にともなって発生する不祥事が後を絶ちません。企業およびその関係者による不正行為は、企業に直接的な損害を及ぼすだけでなく、社会・顧客・取引先をはじめとする各ステークホルダー（利害関係者）の信頼を裏切り、企業活動の生命線ともいえる信用を失墜することになりかねません。

　そのため各企業では、不祥事などの発生を防止するための対策や体制を整備する必要があるのはもちろんのこと、不幸にして不正などが発覚した場合には、厳正な事実調査や原因究明などを行い、迅速かつ適切な再発防止策や対応をとることが不可欠です。

　この事実調査・原因究明などの調査活動にあたっては、①調査に関する専門的な知識・経験・手法、②公正性・中立性、③調査の透明性・厳正性が確保される必要があります。

　このような要件を満たすために、企業内に公認不正調査士を抱えたり、従来、企業内で実施していた事実調査・原因究明などの調査活動について、外部の専門機関の支援サービスを活用する企業も増えています。

コンピュータフォレンジック

　IT技術の急速な発展は、私たちの生活に多くの利便をもたらしている反面、サイバーテロや不正アクセスといったコンピュータ関連の犯罪も増加しています。コンピュータなどの電子機器を利用しない業務処理が少なくなってきた現在、不正などの証拠がコンピュータ内に残されていることも多く、不正などを調査するためにコンピュータそのものの解析をする必要性が大きくなってきています。一方で、こうしたコンピュータの解析には、コンピュータ犯罪などに精通した専門家による対応が必要となります。

　そこで、上記の不正調査と同様に、コンピュータフォレンジックと呼ばれる外部専門機関によるコンピュータに関連した不正調査支援サービスを活用することが考えられます。コンピュータフォレンジックでは、通常、削除や汚染されたデータの回復や、必要なデータの抽出などを通じて不正に関連したコンピュータデータの調査・分析などのサービスが提供されます。

不正の防止対策
　不正行為をはじめとする不祥事が発生する背景には、以下の3つの条件が存在するとされています。不正防止対策を考えるうえで、まずこの不正の兆候を的確に把握することが重要となります。
　　① 倫理観の欠如・不正の正当化（機会があれば、不正を犯すその気があること）
　　② 不正を犯す動機の存在（多額の借金で金に困っているなどの不正を働こうとする動機があること）
　　③ 不正を犯す機会があること（内部統制が十分でないため、不正を犯すことが可能な状態にあること）
　また個人が、不正・不祥事を行うとその兆候として以下のような行動が現れます。
　　● 分不相応な高級飲食店などに出入りしている
　　● 高級自動車、高級装飾品を購入したり、生活が派手になる
　　● 休暇をとりたがらない
　　● 仕入先などとの密接な付き合いや接待が頻繁にある　など
　組織内で個人の不正が放置されている場合、会社全体にわたって従業員のモラルが著しく下がったり、離職率が高まったりするなどのさまざまな悪影響を及ぼすため、早期の発見・対応が重要になります。

キーワード

個人情報保護
Personal Information Protection

個人情報保護とは

　個人情報保護とは、個人情報を安全に管理し、個人の権利権益に配慮した適切な取り扱いをする活動のことです。個人情報とは、本人を特定できる情報のことで、住所、氏名などのほか、医療用の診断画像や電話の録音テープも該当します。個人情報保護には2つのポイントがあります。1つ目のポイントは、個人情報の安全管理です。個人情報の漏洩や紛失、内容の誤りなどがないよう、情報セキュリティの管理をしっかり実施しなくてはなりません。2つ目のポイントは、個人の権利権益に適った取扱いです。個人情報保護では本人の意思が尊重されます。個人情報を利用したい企業や事業者は、その取扱いに際し、本人の意思確認を行い、意向に沿った利用をしなくてはなりません。

国際的な動向

　個人情報保護に関する取組みは、わが国だけではありません。国際的には、1980年に、経済協力開発機構（OECD）の理事会勧告において、『プライバシー保護と個人データの国際流通についてのガイドライン』が示されました。これ以降、各国で急速に法制化が進められ、現在、OECD加盟国の大多数で個人情報保護に関する法律が整備されています。

　当該ガイドラインでは、個人情報保護に関する8つの原則が定められており、各国の法律は、これらをもとに作成されています。その趣旨は次のとおりです。

① 個人情報は適正、公正に収集すること
② 個人情報の内容は正確で利用目的に適ったものであること
③ 個人情報は利用目的を明確にして収集すること
④ 個人情報は利用目的どおりに利用すること
⑤ 個人情報は安全対策をしっかりすること
⑥ 個人情報は本人に対して透明な管理をすること
⑦ 本人の意向が反映されるような管理をすること
⑧ 個人情報の管理責任を明確にすること

個人情報の保護に関する法律
Act on the Protection of Personal Information

個人情報の保護に関する法律とは
　個人情報の保護に関する法律（通称、個人情報保護法）とは、わが国の個人情報保護に関する基本理念、国および地方公共団体の責務、個人情報を取り扱う事業者の義務を体系的に定めた法律であり、2003年5月に成立し、2005年4月より全面的に施行されました。事業上、個人情報を利用している事業者が対象であり、実効性を担保するために、違反者には、主務大臣による勧告や命令、懲役、罰金などの罰則が定められています。本法律では、個人情報をその性質によって、個人データ、保有個人データ、個人情報データベースなどと区分しており、それぞれ課せられている義務が異なっています。そのため、正確に理解するには、法律を参照する必要があります。なお、本法律では、生存者の情報のみが対象となっています。

民間事業者が遵守すべき義務
　個人情報保護法では、対象となる民間事業者の義務として、主に次の事項が規定されています。
　　① 個人情報の利用目的の特定と目的内での利用
　　② 個人情報の不正取得の禁止
　　③ 個人情報の内容の正確性を確保することの努力
　　④ 個人情報を収集する際の利用目的の通知や公表
　　⑤ 個人情報の安全管理
　　⑥ 委託先や従業員の監督
　　⑦ 個人情報の第三者提供の禁止
　　⑧ 保有している個人データの公表と問い合わせへの対応

個人情報保護法の運用
　個人情報保護法には、共通する必要最小限のルールが定めてあり、詳細な取組みに関しては、各省庁などが策定するガイドラインに沿って、事業者が自主的に行うことを重視しています。本法律施行後、その解釈をめぐり、一部で行き過ぎた対応が見られたため、現在、その対応について協議されています。

キーワード

プライバシーマーク制度
System for Granting Marks of Confidence for Privacy and Personal Data Protection

プライバシーマーク制度とは

　プライバシーマーク制度とは、事業者における個人情報の取扱いが、日本工業規格JIS Q 15001に適合していることを認定し、その証明として、プライバシーマークのロゴマーク使用を許諾する制度です。㈶日本情報処理開発協会（JIPDEC）が、本制度を運用しています。審査の結果、認定を受けた事業者は、名刺やホームページなどにプライバシーマークを表示することができます。認定の有効期間は2年間で、資格を維持するためには2年ごとに更新審査を受ける必要があります。

　1998年の発足当初は、旧通商産業省告示による『民間部門における電子計算機処理に係る個人情報に関するガイドライン』にもとづいた評価・認定制度でしたが、1999年4月にJIS Q 15001が発行されたことを受けて、本規格に移行しました。なお、個人情報保護法を受けて、JIS Q 15001は『JIS Q 15001：2006 個人情報保護マネジメントシステム―要求事項』として2006年5月に改正されたため、プライバシーマーク制度も新規格に移行しました。

プライバシーマークの認定状況

　2006年6月5日現在、4,154社が認定を受けています。情報サービスをはじめとするサービス業や出版・印刷業などでの認定取得が多くなっていますが、個人情報保護法の施行にともなって、他の業界での認定取得も増えてきています。

プライバシーマークのメリット

　プライバシーマークの認定審査では、第三者である審査員により個人情報の管理状況がチェックされます。そのため、個人情報保護への取組みの正当性を客観的に証明でき、消費者に安心感を与えることができます。

参考文献
「プライバシーマーク制度」http://privacymark.jp/

CISO
最高情報セキュリティ責任者
Chief Information Security Officer

CISOとは

　CISOとは、企業の情報セキュリティに関して執行権限をもつ最高責任者のことです。別称としてCSO（Chief Security Officer）と呼ばれることもあります。

CISOの設置状況の変遷

　2003年にKPMGが実施した『企業のリスクマネジメント実態調査』では、アンケート調査対象の519社のうち、50％以上の企業がCISOまたはCISO相当の役員を任命していない状況でした。しかし、CISOの設置を認証要件の一つとする情報セキュリティマネジメントシステム（ISMS）適合性評価制度の社会的な浸透もあり、その後、CISOを設置し、経営者によるセキュリティ活動の率先の仕組みを導入する企業は、確実に増え続けています。この傾向は、今後も続くものと考えられます。

CISOの役割

　CISOは組織の情報セキュリティに関する最終的な意思決定者です。具体的なタスクとしては、自組織の情報リスクの概況把握と許容リスクレベルの決定、情報セキュリティ対策のためのリソース調達と割当て、情報セキュリティの管理状況のモニタリングと改善指示などが挙げられます。また、情報セキュリティ上の問題が発生した場合には、対策本部長として対応にあたります。

CISOの重要性

　情報セキュリティに関する問題は複数の事業領域にわたり、業務における利便性、効率性の阻害要因になることもしばしばあります。今後、ますます企業経営が複雑化するなかで、組織の全体最適の視点から情報セキュリティに関する部門横断的な戦略策定、意思決定、実務執行を行うためには、CISOの強いリーダーシップとコミットメントが必要不可欠です。

キーワード

情報セキュリティ
Information Security

情報セキュリティとは
　情報セキュリティとは、さまざまな脅威から企業が保有する情報資産を保護することです。情報セキュリティは次の3つの観点から考える必要があります。

> ① 機密性（confidentiality）：認可されていない個人、エンティティ又はプロセスに対して、情報を使用不可又は非公開にする特性。
> ② 完全性（integrity）：資産の正確さ及び完全さを保護する特性。
> ③ 可用性（availability）：認可されたエンティティが要求したときに、アクセス及び使用が可能である特性。
>
> 出典）JIS Q 13335-1：2006

情報資産とは
　情報セキュリティにおいて保護の対象となる情報資産は、下図のように分類されます。システム上の電子データだけが情報セキュリティの対象ではありません。情報資産に存在するリスクを評価し、情報資産の価値に見合った適切な対策を選択、実施することが情報セキュリティの基本的なアプローチです。

情報資産	情報	有形	紙情報	紙に記録された情報
			電子情報	サーバー、PCや可搬媒体（MO、CD-Rなど）に記録された情報
			音声	テープ、MDなどに記録された音声情報
			映像	VHS、DVDに記録された映像情報
		無形	音声	口頭、電話でやり取りされる情報
			映像	目撃した情報
			知識	記憶、ノウハウなどの情報
	情報システム		ソフトウェア	サーバー上の業務アプリケーションやクライアントPC上のソフトウェア
			ハードウェア	アプリケーションが稼動するサーバー機器やクライアントPC　ネットワーク機器など

情報セキュリティポリシー
Information Security Policy

キーワード

情報セキュリティポリシーとは

　情報セキュリティポリシーとは、情報セキュリティに関する組織の規定であり、セキュリティ対策の基本的な考え方や具体的なルール、手続きを網羅的にとりまとめたものです。情報セキュリティポリシーにもとづき、セキュリティ対策を網羅的、統一的に実施することで、組織運営上、全体最適な情報セキュリティ管理が可能となります。

情報セキュリティポリシーの階層構造

　情報セキュリティポリシーは、階層化された文書として表現されることが一般的です。内閣官房情報セキュリティ対策推進室が公表している『情報セキュリティポリシーに関するガイドライン』では、「情報セキュリティ基本方針」「情報セキュリティ対策基準」「情報セキュリティ実施基準等」の3階層として示されています。㈶日本情報処理開発協会（JIPDEC）が公表している『ISMSガイド（Ver.1.0）』でも、「情報セキュリティ基本規程」「情報セキュリティガイドライン」「ルール・手順等」の3階層の文書構造が紹介されています。情報セキュリティポリシーという用語は、この3階層の文書構造のうち最上位の基本方針を示す用語として使われる場合もあります。

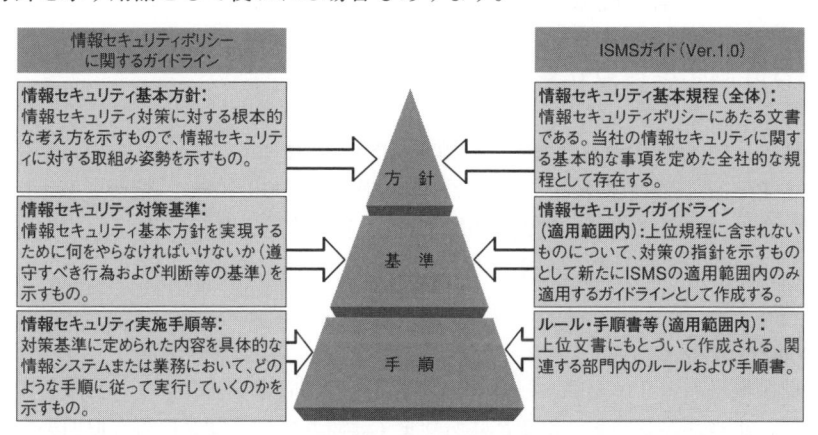

情報セキュリティポリシーに関するガイドライン		ISMSガイド（Ver.1.0）
情報セキュリティ基本方針：情報セキュリティ対策に対する根本的な考え方を示すもので、情報セキュリティに対する取組み姿勢を示すもの。	方針	**情報セキュリティ基本規程（全体）：**情報セキュリティポリシーにあたる文書である。当社の情報セキュリティに関する基本的な事項を定めた全社的な規程として存在する。
情報セキュリティ対策基準：情報セキュリティ基本方針を実現するために何をやらなければいけないか（遵守すべき行為および判断等の基準）を示すもの。	基準	**情報セキュリティガイドライン（適用範囲内）：**上位規程に含まれないものについて、対策の指針を示すものとして新たにISMSの適用範囲内のみ適用するガイドラインとして作成する。
情報セキュリティ実施手順等：対策基準に定められた内容を具体的な情報システムまたは業務において、どのような手順に従って実行していくのかを示すもの。	手順	**ルール・手順書等（適用範囲内）：**上位文書にもとづいて作成される、関連する部門内のルールおよび手順書。

出典）『情報セキュリティポリシーに関するガイドライン』（情報セキュリティ対策推進会議、2000年）、『ISMSガイド（Ver.1.0）』（日本情報処理開発協会、2002年）を元に筆者が作成。

情報セキュリティマネジメントシステム(ISMS)適合性評価制度

Conformity Assessment Scheme for Information Security Management Systems (ISMS)

情報セキュリティマネジメントシステム(ISMS)適合性評価制度とは

　情報セキュリティマネジメントシステム(ISMS)適合性評価制度とは、(財)日本情報処理開発協会(JIPDEC)が運営する情報セキュリティに関する認証制度です。本制度では、組織が構築したISMSの適合性および有効性を、第三者である審査機関が評価し、認証を与えます。審査機関は、JIPDECによって認定されます。認証制度の概要は次の図のとおりです。

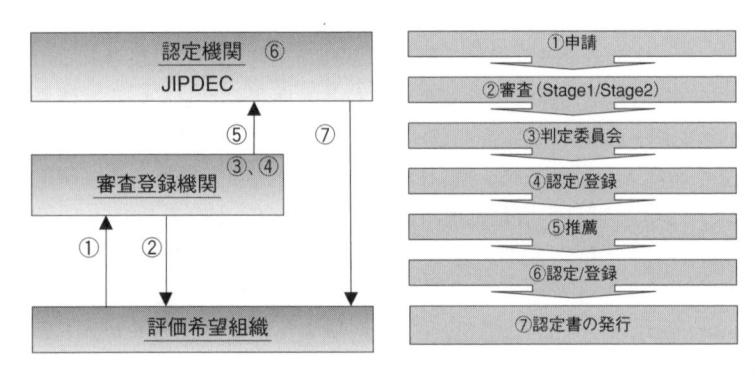

```
        認定機関 ⑥               ①申請
        JIPDEC                   ②審査(Stage1/Stage2)
          ⑤    ⑦                ③判定委員会
        ③、④                    ④認定/登録
        審査登録機関              ⑤推薦
          ①    ②                ⑥認定/登録
        評価希望組織              ⑦認定書の発行
```

　注) 丸付き数字は、左右の図それぞれを対応させています。

適合評価制度における認証基準

　情報セキュリティマネジメントシステム(ISMS)適合性評価制度では、組織の構築したISMSの適合性および有効性をISMS認証基準(Ver.2.0)を用いて評価します。ISMS認証基準(Ver.2.0)は、ISO/IEC 27000シリーズ(情報セキュリティに関する国際規格)が制定されたことにともない、JIS Q 27001 (ISO/IEC 27001の国内規格)に移行しました。

認証取得のメリット

　認証取得のメリットは、第三者により自社の情報セキュリティ管理態勢の有効性、正当性が証明されることにあります。現在では、認証取得が取引条件の一つとして提示される例も見受けられます。

ISO/IEC 27000シリーズ

キーワード

ISO/IEC 27000シリーズとは

ISO/IEC 27000シリーズとは、情報セキュリティマネジメントに関する国際規格です。

27000シリーズ	名　称
ISO/IEC 27000	情報セキュリティマネジメントシステム ー基本及び用語ー
ISO/IEC 27001	情報技術ーセキュリティ技術ー情報セキュリティマネジメントシステムー要求事項
ISO/IEC 27002	情報技術ーセキュリティ技術ー情報セキュリティマネジメントの実践のための規範
ISO/IEC 27003	情報技術ーセキュリティ技術ー情報セキュリティマネジメントシステムのための実施の手引き
ISO/IEC 27004	情報技術ーセキュリティ技術ー情報セキュリティマネジメントの測定
ISO/IEC 27005	情報技術ーセキュリティ技術ー情報セキュリティリスクマネジメント

情報セキュリティマネジメント規格の変遷

BS 7799-1：1995からISO/IEC 27000シリーズまでの情報セキュリティマネジメント規格の変遷を下図に示します。

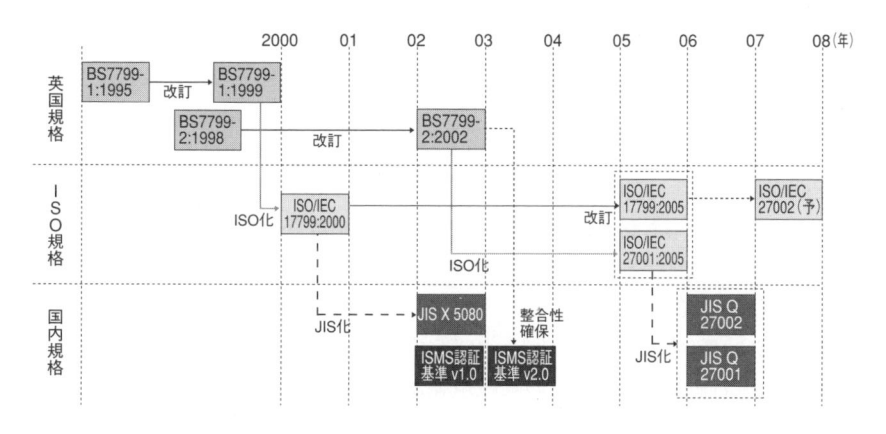

情報セキュリティマネジメント規格の解説

① BS 7799

　1995年に英国規格（British Standard）として発行された規格です。発行当初は情報セキュリティマネジメント（ISMS）の実践規範（BS 7799-1）のみでしたが、1998年に情報セキュリティマネジメントシステム仕様（BS 7799-2）が追加発行され2部構成となりました。情報セキュリティマネジメントの実践規範には、情報セキュリティ管理のベストプラクティス（理想的な実施内容）が記載されています。追加された情報セキュリティマネジメントシステム仕様には、ISMSを構築するための要求事項が記載されています。なお、BS 7799-1は2000年にISO/IEC 17799が発行されたことにより廃止されました。BS 7799-2は2002年に改訂され、ISO 9000など他のマネジメントシステムとの親和性が高められました。

② ISO/IEC 17799

　2000年にBS 7799-1：1999をもとに、ISO（International Organization for Standard）として発行された規格です。2005年に改訂され、ISO/IEC 17799：2005が最新版となりました。

③ JIS X 5080

　ISO/IEC 17799：2000をもとに、2002年にJISとして制定された規格です。情報セキュリティマネジメントの実践規範が記載されています。

④ JIS Q 27001

　ISO/IEC 27001：2005をもとに、2006年にJISとして制定された規格です。情報セキュリティマネジメントシステムの仕様が記載されています。

⑤ JIS Q 27002

　ISO/IEC 17799：2005をもとに、2006年にJISとして制定された規格です。情報セキュリティマネジメントの実践規範が記載されています。

情報セキュリティ監査制度
Information Security Audit Standards

キーワード

情報セキュリティ監査制度とは

情報セキュリティ監査制度とは、情報セキュリティマネジメントおよびその監査を効果的に普及するため、経済産業省が定めたもので、2003年4月から運用が開始されました。

この制度では、情報セキュリティ監査実施時の評価基準や監査基準などを定めるとともに、情報セキュリティ監査サービスを提供する企業を登録する情報セキュリティ監査企業台帳の制度が導入されました。

基準とガイドライン

情報セキュリティ監査制度では、情報セキュリティ監査にかかわる基準として情報セキュリティ管理基準と情報セキュリティ監査基準が示されています。

情報セキュリティ管理基準は、情報セキュリティ監査を受ける組織(被監査主体)における情報セキュリティマネジメントの実施基準であるとともに、情報セキュリティ監査を行う監査人の評価基準として示されています。また、この基準は、情報セキュリティマネジメントの基準として国際的に認知されているISO/IEC 17799(JIS X 5080)にもとづき作成されています。

一方、情報セキュリティ監査基準は、監査人の行動規範を示しています。

この2つの基準と合わせて、情報セキュリティ監査制度の実務への適用を考慮して、下表の5つのガイドラインが公表されています。

基準	ガイドライン
情報セキュリティ管理基準	個別管理基準(監督項目)策定ガイドライン
	電子政府情報セキュリティ管理基準モデル
情報セキュリティ監査基準	情報セキュリティ監査基準実施基準ガイドライン
	情報セキュリティ監査基準報告基準ガイドライン
	電子政府情報セキュリティ監査基準モデル

助言型監査と保証型監査

　情報セキュリティ監査制度では、被監査主体の目的と情報セキュリティマネジメントの状況に合わせた監査を実施できるよう、助言型と保証型の２種類の監査が設定されています。

　助言型では、監査人は、情報セキュリティマネジメント向上の支援を目的として、改善が必要な事項と改善のための助言について被監査主体に報告します。一方、保証型では、監査人は、被監査主体の情報セキュリティマネジメントが一定の水準にあることを保証する報告書を作成します。

　助言型の監査報告書は、通常は被監査主体内部での利用を目的としますが、保証型監査報告書は、主に外部のステークホルダー（顧客など）への開示を目的とします。情報セキュリティ監査制度では、助言型あるいは保証型のいずれか、または両方を組み合わせた監査を実施することができるとされています。

成熟度モデル

　情報セキュリティ監査制度では、被監査主体の情報セキュリティマネジメントの状況に応じた監査を実施できるよう、成熟度モデルの考え方を示しています。成熟度モデルの考え方として、『情報セキュリティ監査基準実施基準ガイドライン』では、「組織体が設定又は運用する情報セキュリティ対策の実施水準を５段階にレベル分けすることが多い。」としています。また、監査において成熟度モデルを利用する場合、「どのような成熟度モデルを利用するのか、成熟度のレベル分けの判断基準はどのようなものであるのかについて監査依頼者又は被監査側と充分に協議した上で決定することが望ましい。」としています。

情報セキュリティ監査企業台帳

　情報セキュリティ監査制度では、情報セキュリティ監査人として、内部監査部門および外部監査人の両方を想定しています。外部監査人への委託を行う際に委託先選定の参考となるよう、情報セキュリティ監査制度の導入に合わせて、情報セキュリティ監査サービスを提供する事業者を登録する「情報セキュリティ監査企業台帳」が整備されました。

ただし、情報セキュリティ監査企業台帳への情報セキュリティ監査サービス事業者の登録は、事業者からの申告にもとづき行われています。このため、委託先の選定にあたっては、委託先の実績や能力などを、委託者である被監査主体が適切に評価する必要があります。

キーワード

電子署名法、特定認証業務の認定制度
Law on Electronic Signatures and Certification Services

電子署名法とは
　電子署名法は、正式には「電子署名及び認証業務に関する法律」といい、2001年4月1日に施行されました。この法律の目的は、第1条で「電子署名に関し、電磁的記録の真正な成立の推定、特定認証業務に関する認定の制度その他必要な事項を定めることにより、電子署名の円滑な利用の確保による情報の電磁的方式による流通及び情報処理の促進を図り、もって国民生活の向上及び国民経済の健全な発展に寄与することを目的とする。」と定められています。
　電子署名法の特に重要な内容としては、電子署名による電磁的記録の真正な成立の推定と特定認証業務の認定制度の2点が挙げられます。

電子署名による真正な成立の推定
　電子署名法の第3条では、「電磁的記録に記録された情報について本人による電子署名(これを行うために必要な符号及び物件を適正に管理することにより、本人だけが行うことができることとなるものに限る。)が行われているときは、真正に成立したものと推定する。」と定められています。この要件を満たす電子署名が付された記録は、署名や押印が行われた文書と同様、真正に成立したものと推定されることとなりました。

特定認証業務の認定と調査
　電子署名法の第2条3項では、特定認証業務を「電子署名のうち、その方式に応じて本人だけが行うことができるものとして主務省令で定める基準に適合するものについて行われる認証業務」と定めています。特定認証業務の事業者は、提供する特定認証業務が電子署名法で定める基準に適合していることについて、同法の定めにもとづく認定を受けることができます。この認定を受けた特定認証業務は、認定認証業務と呼ばれます。
　特定認証業務の認定を受けようとする事業者は、電子署名法の定めにもとづく指定調査機関の調査を受け、総務省・法務省・経済産業省の各大臣から認定を受けます。また、年に1回、指定調査機関の更新調査を受け、認定更新を行う必要があります。

認定認証業務を利用したサービス

　特定認証業務は、電子署名法にもとづく認定を受けて認定認証業務となることによって、政府認証基盤（GPKI：Government Public Key Infrastructure）との相互認証を行うことが可能となります。認定認証業務の利用者は、相互認証を利用した申請者の本人確認を受けることによって、中央省庁および地方公共団体の電子入札システムや電子申請システム、また2004年1月から開始された公的個人認証サービスにおいて、申請や届出などの手続きを、紙を使用せずにオンラインで行うことが可能となります。

　電子署名法と特定認証業務の認定制度は、公的サービスの電子化を推進するうえでの重要な拠り所となっています。

キーワード

電子認証、電子認証局
Electronic Authentication, Certification Authority

電子認証および電子認証局とは

　電子認証とは、電子的に行われる本人確認の仕組み全般について使われる場合もありますが、特に、公開鍵基盤（PKI：Public Key Infrastructure）を利用した、電子署名と公開鍵証明書（電子証明書）による、インターネット上での本人確認と情報の改ざん防止などのセキュリティ機能を提供する仕組みを意味しています。

　電子認証に使用する電子証明書は、電子認証局（Certification Authority）と呼ばれる認証機関が発行します。電子認証局は、電子証明書の発行申請者の本人確認と登録管理を行う登録局（Registration Authority）、登録局の指示にもとづき電子証明書の発行や失効などの処理を行う発行局（Issuing Authority）、ならびに電子認証局に関する情報や電子証明書の有効性に関する情報を提供するリポジトリ（Repository）から構成されています。

電子証明書

　電子証明書は、公開鍵の送信者を証明するために電子認証局が発行します。電子証明書には、公開鍵、公開鍵の所有者の名前、電子証明書の発行日と失効日、電子認証局による電子署名などが記録されています。電子証明書付メールの受信者は、インターネット上に公開されているリポジトリを利用して電子証明書を検証することによって、公開鍵の送信者が確かに本人であること、また送信途中で改ざんなどが行われていないかを確認することができます。

電子署名

　電子署名とは、電子文書をハッシュ関数と呼ばれる特殊な関数で変換し、これを秘密鍵で暗号化した値です。電子文書の送信者は、この値を、電子署名として電子文書に添付して送信します。電子文書の受信者は、添付された電子署名を送信者の公開鍵で復号した値と、受信した電子文書をハッシュ関数で変換した値とを比較します。両者が完全に一致する場合、送信者のなりすましや、データが改ざんされていないことが確認できます。

電子認証局の管理・運営

電子認証局は、自ら定める認証業務規程（Certification Practice Statement：CPS）、および証明書ポリシー（Certificate Policy：CP）にもとづき管理・運営されています。CPSには、物理的管理、人的管理、システム運用、セキュリティ対策など、電子認証局の管理・運営の方法が記載されています。また、CPには、電子証明書の記載事項や本人確認方法などが記載されています。

電子認証局は、CPSを評価基準としたシステム監査を定期的に実施するなどの方法で、認証業務の信頼性の維持に努めています。

電子認証の利用

電子認証の仕組みは、ウェブサイトのサーバーの実在証明や、社員の本人確認、ネットバンキングやオンライン証券における取引時の本人確認などで、広く利用されています。

【電子認証の手順】

電子認証局（CA）
- ③電子証明書発行要求：登録局 → 発行局
- ④電子証明書登録：発行局 → リポジトリ
- ①電子証明書発行申請：電子証明書申請・利用者 → 登録局
- ②本人確認等審査
- ④電子証明書発行
- ⑤電子署名＋電子証明書送信：電子証明書申請・利用者 → 電子証明書検証者
- ⑥電子証明書検証
- ⑦電子証明書有効性確認：電子証明書検証者 → リポジトリ
- ⑧電子証明書有効性情報提供

出典：『知っておきたい 電子署名・認証のしくみ』（KPMGビジネスアシュアランス著、日科技連出版社、2001年）を一部改変。

キーワード

システム監査
System Audit

システム監査とは

　システム監査とは、情報システムが企業や組織の目的に沿って開発、運用および利用されているかどうかを当事者から独立した立場で評価し、その結果を内外部のステークホルダーに対して報告する活動です。ここでいうステークホルダーとは、内部では、経営者をはじめとした組織の管理者層や情報システムのユーザーを指し、また外部では当該組織の情報システムに影響を受ける取引先などを指します。

　システム監査を実施することで、当事者以外には実態がつかみにくいといわれる情報システムの安全性、信頼性、効率性についてのリスクや課題を、これらステークホルダーが把握することができます。その結果、情報システム投資や外部委託先選定などの意思決定やリスクに応じた改善策の実施を可能にします。

システム監査の重要性

　情報システムの有効活用を図ることは、経営者や情報システムの利用者にとって重要な課題です。しかし、情報システムの運営にかかわる当事者だけでは適切なリスク評価やリスク管理ができず、結果として、システム障害、プロジェクトの遅延、情報漏洩などの問題を引き起こす場合があります。システム監査は、このような問題を防止し、情報システムにかかわるリスクを低減する手段としてますます重要になってきています。

　また、個人情報保護法施行などを機に、取引先や業務の委託者などから情報システムのリスクや管理状況について報告を求められるケースが増加しており、そのようなニーズに対してもシステム監査が活用されるようになってきました。さらに、会社法や日本版SOX法などへの対応のうえでもシステム監査がクローズアップされてきています。

システム監査の対象

　システム監査は、情報システムそのものや情報システムに係るあらゆる業務が対象となります。大きくは、情報システムのライフサイクル（企画、開発、

運用・利用)を対象とした監査、情報システムが利用されている業務ごとの監査、情報セキュリティやプロジェクト管理などのテーマごとの監査に分類されます。

システム監査の実施者

　システム監査は、内部の監査部門が実施する内部監査と、外部の専門家が実施する外部監査に分けられます。監査の目的や内容によって内部監査と外部監査を使い分けることになりますが、いずれの場合も、監査対象から独立していて、客観的に監査を実施できる立場にあることが必要です。また、実施する監査テーマについて評価できる十分な知識をもち、システム監査実務に精通した担当者がかかわることがシステム監査の成功条件といえます。最近では、内部で十分な数の専門家の確保が難しいため、内部監査の一部を外部に委託するケースも出てきています。

キーワード

システム監査企業台帳

システム監査企業台帳制度とは

　システム監査企業台帳制度とは、1991年3月にシステム監査の普及を目的として、通商産業省(現在の経済産業省)の告示第72号「システム監査企業台帳に関する規則」として設けられた制度です。

　企業内においてシステム監査を実施する十分な人材がいないなかで、システム監査を外部の専門家に依頼しようとする企業も少なくありません。しかし、企業がシステム監査を外部に依頼しようとする場合、どのようなところがシステム監査サービスを提供しているのか、またそれらの企業が、どのような人材を抱え、また実績を有しているのかを知ることは容易なことではありません。そこで、システム監査を外部に委託しようとする企業が、依頼候補先を簡単に調べられるようにしたのがシステム監査企業台帳制度です。

　なお、類似の制度として、2003年度から開始された「情報セキュリティ監査企業台帳」があります。

システム監査企業台帳の利用状況と方法

　2005年度のシステム監査企業台帳の登録数は、106社です。最近では官公庁をはじめとして、システム監査企業台帳を参考にして、システム監査の委託先を選定することも多くなってきたようです。システム監査企業台帳に登録しようとする企業は、毎年6月に申告書を経済産業省に提出することになっています。また、その登録内容は、経済産業省および㈶日本情報処理開発協会(JIPDEC)のホームページ上で公開されています。

システム監査企業台帳の記載内容

システム監査企業台帳には、次のような内容が記載されています。

> Ⅰ．システム監査企業概要
> 　（企業名、代表者氏名、所在地、設立年月日、資本金、最近3年間の売上高、業種、システム監査を行う部門の連絡先、従業員数、ホームページURL）
> Ⅱ．システム監査の概要
> 　1. システム監査実施の実績
> 　　（システム監査開始年、実施回数、主な監査内容、前年度の監査内容）
> 　2. システム監査従事者の概要
> 　　（システム監査を行う部門のシステム監査従事者数、そのうちシステム監査技術者試験合格者数、従事者一覧）
> 　3. システム監査の得意とする分野
> 　4. その他（システム監査の特色など）

システム監査資格

システム監査資格とは

　システム監査資格とは、国や各種の団体などが、システム監査を実施する人の適格性について、試験を行って評価し、認定を行う制度です。日本においては、CISA（公認情報システム監査人）やシステム監査技術者といった資格が一般的です。近年においては、情報システムの障害や情報漏洩といった事件・事故が多発しており、このような事件・事故を防ぐためにもシステム監査の重要性が認識されると同時にその実施者の必要性も認識されるようになってきました。

CISA（公認情報システム監査人）

　CISA（Certified Information Systems Auditor）は、米国に本部があるISACA（Information Systems Audit and Control Association）が認定する情報システムの監査、セキュリティ、コントロールにかかわる専門家のための資格です。

　CISAの認定を受けるためには、筆記試験に合格するほかに、5年の実務経験を有することと、ISACAの「職業倫理規程」を遵守することの承諾が必要です。実務経験としては、情報システム監査や情報システムにかかわる内部統制の仕事（情報システム部門の管理者、品質管理担当、セキュリティ管理担当など）の経験が必要です。なお、情報システムの開発や運用、また大学などでの就学年数によって、実務経験の一部を代替することが可能です。なお、CISAでは、資格を更新するための要件として、一定の継続教育の受講が義務づけられています。

システム監査技術者

　システム監査技術者試験は、経済産業省が行っている情報処理技術者試験の一つで、一般的に試験の合格者のことをシステム監査技術者と呼んでいます。

　システム監査技術者試験は、CISA試験が多岐選択式の試験であるのに対して、記述式や論文式の問題が含まれていることが特徴です。一方、認定においては、CISAのように実務経験や継続教育は必要ありません。

システム監査技術者の有資格者を中心に組織されていた日本システム監査人協会は、2002年にNPO（特定非営利活動法人）として登録し、新たに公認システム監査人制度を設けました。この制度は、CISAのように、システム監査技術者試験の合格者について、実務経験などを評価し、新たに公認システム監査人としての資格を付与するものです。なお、システム監査技術者だけでなく、CISAや中小企業診断士などの有資格者も、一定の要件を満たせば、公認システム監査人としての認定を受けることができます。2004年12月現在で、公認システム監査人357名、システム監査人補285名が認定を受けています。またCISA同様に認定を維持するためには、毎年継続教育を受ける義務があります。

キーワード

システムリスク（金融検査マニュアル）
System Risk (Inspection Manual)

金融検査マニュアルにおけるシステムリスクとは

金融検査マニュアルにおけるシステムリスクの定義は次のとおりです。
① コンピュータシステムのダウンまたは誤作動等、システムの不備などにより、金融機関が損失を被るリスク
② コンピュータが不正に使用されることにより、金融機関が損失を被るリスク

下線部分は金融機関の業態ごとに表現が変更されており、「預金等受入金融機関に係る検査マニュアル」では「金融機関」、「保険会社に係る検査マニュアル」では「保険会社」、「証券会社に係る検査マニュアル」では「証券会社」、「投信信託委託業者・投資顧問業者に係る検査マニュアル」では「信託財産または投信・投資一任業者」となっています。投信系のみ「信託財産」という記載がある部分が多少異なっていますが、いずれの業態においても共通のものと定義されています。

システムリスクマネジメントの重要性

システムの誤作動や不備による損失が発生するなどシステムリスクのマネジメントに不備がある場合には、金融機関の信用度を著しく低下させ、市場からの撤退を余儀なくされる危険性さえあります。それにもかかわらず、金融機関におけるシステム障害の事例は枚挙にいとまがなく、特に都銀の合併にともなうシステム統合において大規模な障害が発生したことを契機に、金融庁から「システム統合リスク管理態勢の確認検査用チェックリスト」が2002年12月に出されています。

システムリスクの評価を行ったうえでシステムリスクの顕在化を未然に防止したり、顕在化したリスクを早期発見・処置できるようなコントロールプロセスを構築し、マネジメントすることが企業存続、ビジネス拡大における重要な要因の一つとなります。

最近の動向

　例年発表される金融庁の検査事務年度ごとの方針などを分析することで、その時点で金融庁が重視しているポイントを探ることが可能です。最近ではプロジェクトマネジメントや外部委託管理に加え、利用者保護の観点からの個人情報保護に焦点が当たっています。

　「金融検査指摘事例集」や「預金等受入金融機関に係る評定制度」が公表されるなど検査そのもののフレームワークも変わってきているので、常に動向を注視しておく必要があります。なお、「証券会社に係る検査マニュアル」および「投資信託委託業者・投資顧問業者に係る検査マニュアル」については、2005（平成17）年7月の改正証券取引法等の施行にともない証券取引等監視委員会へ移管されています。

　BIS（国際決済銀行）のオペレーショナルリスク管理のガイドラインとの整合性についても各金融機関にて検討が開始されています。

　そのほか、日本版SOX法におけるシステムリスクとの整合性についても検討が開始されています。

ISO/IEC 20000

ISO/IEC 20000とは

　ISO/IEC 20000は、英国の*it*SMFの働きかけによって、BSI（英国規格協会）が2000年に規格化したBS 15000がもとになっています。BS 15000は、ITサービス運用のベストプラクティスであるITILをもとにITサービスマネジメントの規格として策定されました。そして、2005年にBS 15000は国際標準化機構（ISO）によりISO/IEC 20000として国際規格になりました。

　ISO/IEC 20000は、ISO/IEC 20000-1とISO/IEC 20000-2から構成されています。ISO/IEC 20000-1は、ITサービスマネジメントの仕様であり、認証を行う際の評価基準となるものです。ISO/IEC 20000-2は、ITサービスマネジメントの実施基準であり、ITサービスマネジメントを構築する際のガイドラインとなるものです。

ITILとの関係

　ISO/IEC 20000は、図に示した規格体系の最上位部分として位置づけられています。また、ISO/IEC 20000を補完する位置づけでBIP0005（マネージャーのためのサービスマネジメントガイド）が存在し、さらにサービスプロセス構築

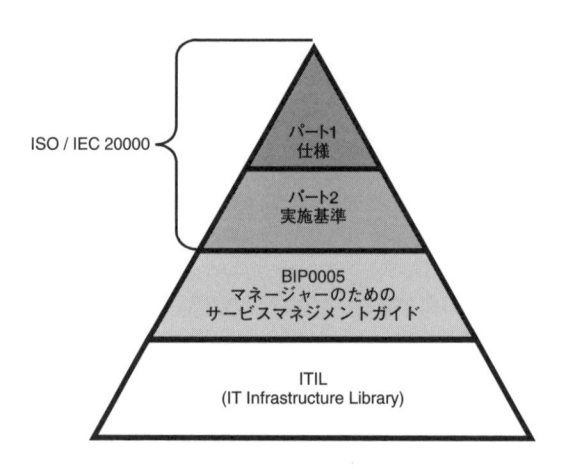

後の自己評価用チェックツールとしてPD0015が存在します。これらは下位のものほど、具体的な手引きが記述されています。ITILは、ITサービスの運用において必要なプロセスのベストプラクティスといえます。

ISO/IEC 20000にもとづく認証制度

　2003年6月より、BS 15000を認証基準とした認証制度の運用が*it*SMFによって開始されています。BS 15000は、2005年12月にISO/IEC 20000として発行されました。2006年中にはISMS適合性評価制度の認定事業を行っている㈶日本情報処理開発協会（JIPDEC）も試験的にISO/IEC 20000の認定事業を開始する予定であり、今後は国内においても認証取得企業が増加するものと予想されます。自社のITサービスマネジメントの成熟度を訴求したい企業は、*it*SMFやJIPDECに登録された審査登録機関による審査を受けて認証を得ることにより、対外的なPRを行うことが可能です。また、ISO/IEC 20000は、情報セキュリティ管理や品質管理の仕様も含んでおり、社内に分散的に運用されているさまざまなマネジメントシステムを統合するツールとしても期待されています。

キーワード

ITIL
Information Technology Infrastructure Library

ITILとは

　ITIL（アイティルと読む）とは、ITサービス提供時に必要となる業務プロセスのベストプラクティス集です。企業の情報システム部門やアウトソーシング事業者が、情報システムの利用者に対して高品質のシステム運用サービスを提供する際の規範となります。ITILは、1980年代後半にOGC（英国の政府機関）によって作成され、その後、ユーザーフォーラムである*it*SMFによって普及が図られています。現在*it*SMFには世界中で1,000以上の団体が参加しており、特に欧米ではITILが業界のデファクトスタンダードとして認知されています。日本では、2003年9月に特定非営利法人（NPO）として*it*SMF Japanが設立され、ITILの国内での普及に注目が集まっています。

ITILの構成

　ITILは7つの書籍で構成されています。中期的なサービスの管理手法を記述した『サービスデリバリ』（通称：赤本）と日々のIT運用手法を記述した『サービスサポート』（通称：青本）の2つの書籍がその中核をなします。その他、ITILを組織に導入する際の目標設定から診断などの方法論を説明した「サービスマネジメント導入計画立案」やビジネス環境における課題としてパートナーシップやサプライヤー管理などを説いた「ビジネスの観点」などがあります。

【ITIL書籍のフレームワーク】

出典：『サービスマネージメント導入計画立案』、TSO（The Stationery Office）、4ページ。

SLA、SLM
サービスレベル合意書、サービスレベルマネジメント
Service Level Agreement, Service Level Management

キーワード

SLAおよびSLMとは

　SLAとは、サービスの提供者とサービスを受ける側との間で、取り決められたサービスの内容や品質のことをいいます。最近の情報システムを中心としたアウトソーシングの増加にともない、SLAの考え方は非常に重要になってきました。

　例えば、通信サービスにおいてサービスの提供者である事業者とユーザー企業との間では、回線の利用時間や最低スループットなどを規定するとともに、それらが実現できなかった場合の料金の減額などのペナルティ事項についても契約事項として明示するのが一般的です。また、内部の情報システム部門とユーザー部門との間においてもこのようなSLAを定義し、情報システム部門のサービスの品質を向上しようとする試みが行われています。

　SLMとは、このようなSLAの定義に加えて、SLAが適切に実行されているかの監視や監視結果にもとづく改善活動などのマネジメント活動のことをいいます。

SLAの内容およびそのメリット

　情報システムの運用をアウトソーシングしている場合には、サービス提供者の事情により、当初予定されていたサービスの内容やレベルが提供されなくなるリスク、サービス費用がサービス内容に比べ高くなるなどのリスクがあります。このような問題が生じないようにあらかじめ詳細なSLAを定義しておくことが重要です。SLAの内容は、努力目標ではなく、サービスの品質保証です。SLAでは具体的な数値を用い、サービス内容のレベルを定量的に判断できることが重要です。

　具体的には、システムのパフォーマンス（稼動率、レスポンスタイム、エラー発生率など）から人的対応におけるパフォーマンス（問合せに対しての回答時間、PCのインストール時間など）までの範囲があります。また、SLAには、サービス領域、パフォーマンス、費用、制約事項の明記が必要です。SLA導入のメリットは、サービスの質、価格設定、サービス提供ベンダーとの関係の改善です。SLAにより、経営者層に対して、アウトソーシングしているサービスに

ついてのアカウンタビリティ(説明責任)が向上します。

【SLA導入のメリット】

		SLA導入前	SLA導入後
1	サービスの質	サービス提供者側が設定の努力目標に依存	サービス受益者の要望レベルに依存
2	価格設定①	サービス提供者のリソース容量、規模を基準に決定・折衝	要求するサービスの難易度や品質に応じて設定
3	価格改定②	前年対比増減%での折衝で、根拠はあいまい	過去のパフォーマンスを価格に反映、コスト削減分は依託元・委託先でシェア
4	サービス提供ベンダーとの関係①	買い手は価格への潜在的不満、売り手は要望サービスレベルへの潜在的不満が継続	パフォーマンス評価の明確化で価格・品質に関して、双方が納得感
5	サービス提供ベンダーとの関係②	買い手は売り手1社への過度の依存で馴れ合い気味	売り手・買い手の程よい緊張感

受益するサービスに関して、費用対効果が明確化し、経営層へのアカウンタビリティが向上する

BPO
ビジネスプロセスアウトソーシング
Business Process Outsourcing

キーワード

BPOとは

　ビジネスプロセスアウトソーシング（BPO）とは、情報システムの運用や保守業務に付随するデータ入力業務、帳票の印刷・顧客発送業務などを一緒に委託するアウトソーシングの形態のことです。

　今や自社のすべての業務を社員だけで賄っている企業は皆無といっても過言ではありません。派遣社員の利用はもちろん、外部の企業に業務の一部を委託しているケースは珍しくないでしょう。当初、IT用語として広まったアウトソーシングも、今では、IT業務の委託に限らず使われるようになりました。

BPOのメリット

　BPOに関して、定型業務であるバックオフィス業務を外部に低コストで委託できるということだけをメリットとして強調する人もいますが、そうではありません。実はこのバックオフィス業務の改善こそが、今の日本企業の競争力を高めるために必要不可欠なのです。これからは、単にバックオフィス業務を効率化するだけでなく、いかにバックオフィス業務に付加価値をもたせるかによって、競争力に差が出てきます。例えば、コールセンター業務は顧客維持戦略をとる企業にとって差別化のための重要な拠点ですが、最近では、こういったコールセンター業務や販促業務などを対象にしたBPOも活発化しています。

情報セキュリティ管理、事業継続レベル向上としてのBPO

　BPOが今後注目されるもう一つの理由に情報セキュリティ管理や事業継続の問題があります。個人情報保護法への対応、情報漏洩対策、事業の継続性の確保などは、企業にとって多大なコストを要する一方でそれらを適切に管理することは至難の業です。BPOによって、付加価値が高まるビジネスプロセスを発見し、それを自社で行うより高品質かつ安全に、またリーズナブル（合理的）な価格で外部に委託できれば、企業の競争力は飛躍的に高まるでしょう。海外を含めた競争が激化するビジネス環境において、今やBPOは企業の経営戦略において欠くことのできない選択肢なのです。

プロジェクトリスクマネジメント
Project Risk Management

プロジェクトリスクマネジメントとは

　プロジェクトリスクマネジメントとは、プロジェクトが保有するリスクやリスクの発生原因に着目してプロジェクトを運営することにより、該当プロジェクトを成功裡に完了させようとするマネジメント手法の一つです。

　従来のプロジェクトマネジメント手法では、プロジェクトの目的や目標をいかに達成するかに重点をおきすぎ、プロジェクトのさまざまな局面において発生する達成目標を阻害する要因（リスク）に対して、事前の対応が行われていませんでした。結果的にリスク対応が後手にまわり、発現したリスクへの対応期間を確保するために納期遅延が発生したり、要求品質未達のままプロジェクトが完了されるといった事象を引き起こしていました。今日では、このような反省からプロジェクトリスクマネジメントに注目が集まっています。

　プロジェクトリスクマネジメントをより理解するには、「プロジェクト」「プロジェクトリスク」の定義を明確にしておく必要があります。

　プロジェクトとは、当初目標を達成するために、所定の資源枠（費用、人的工数、期間など）を使って行う唯一無二の活動と定義できます。一般にプロジェクトの当初目標は、QCD（Quality：品質、Cost：コスト、Delivery：納期）が該当します。

　一方、プロジェクトリスクとは、プロジェクトの成功を阻害する不確実性要因を指します。この不確実性要因には、例えば、要件（目標）変更の発生、担当プロジェクト要員の病欠などによる脱落、経営者交代による方針変更などが挙げられます。これらの不確実性要因には、その発生の低減や防止あるいは発生した場合のインパクトの最少化を果たすこと（以下、統制という）が、可能なものと不可能なものがあります。

　統制可能な不確実性要因に対しては、その発生を最少化させる活動を実施し、統制不可能な不確実性要因に対しては、発生した際に起こり得る影響は基本的に受容せざるを得なくなるため、その影響度合いをふまえた事後対応の仕方を中心に事前に検討・整備することになります。

プロジェクトマネジメントとプロジェクトリスクマネジメント

　プロジェクトリスクマネジメントは、プロジェクトマネジメントとしての管理が一定レベルで執行されていることを前提としたさらなる高度化のためのマネジメント手法として位置づけられるものです。

　プロジェクトマネジメントでは、スコープ管理、品質管理、コスト管理、進捗管理、要員管理、変更管理などの個別の管理領域ごとに、計画化→執行状況モニタリング→課題管理→課題解決というサイクルを執行していくことで、当初の目的を実現しようとする流れになります。ここで問題となるのは、計画化の段階で配慮外にあった事象が発生した際に、どのように活動するのかを並行してマネジメントしていないと、すべての不確実性要因は、発現後に管理を開始することになる点です。このことは、それ自体が「後手」であることを意味するとともに、通常の課題管理のなかでは、当初の予定範囲内での課題と、発現したリスクへの対応課題が混在することになってしまい、課題の優先順位をつけづらくなることを意味します。

　このことから、意図的にプロジェクトリスクのマネジメントを独立した活動としてとらえ、確実に執行していくことが求められます。

具体的なプロジェクトリスクマネジメントの執行態勢の例

　プロジェクト運営上、プロジェクトマネージャーと呼ばれる担当者が実質的にマネジメント業務を執行することになります。現実的にはこのプロジェクトマネージャーがプロジェクトリスクマネジメントを同時に執行するケースが多いようです。もし可能ならば、プロジェクトマネージャーではない要員で、かつプロジェクトの執行上、直接その担当業務を保有していない要員を配置して、プロジェクトリスクマネジメント業務を執行させるほうがよいと考えられます。これは、自ら執行している業務を客観的かつ冷静に把握し、将来起こり得る不確実性要因の見極めを行うためには、プロジェクトに利害関係のない（よい意味でプロジェクトに対して責任のない立場）の要員のほうが適しているためです。

キーワード

PMO
プログラムマネジメントオフィス
Program Management Office

プログラムマネジメントとは

　経営計画の実行や諸課題解決に際して、プロジェクト形式による対応方式を採用する組織が増えてきました。プロジェクト形式を採用したほうが、所与の目標達成に向け、機動的に経営資源を活用できるメリットがあるためです。一方で、個別プロジェクトの成功を重視するあまり、プロジェクト間の整合性が確保されていない、あるいは経営資源の配賦にアンバランスが発生するなど、必ずしもプロジェクト形式活用のメリットが十分に享受できていないケースも散見されます。

　こうした問題を解決するために生まれた考え方が「プログラムマネジメント」です。ここでいうプログラムとは、「組織の中長期的な目的・戦略を達成するための活動(群)」のことであり、具体的には組織戦略にもとづき個別のプロジェクトの位置づけや目的を明確にしたうえで、それらを有機的に結び付ける活動(群)のことです。そして、プログラムマネジメントとは、この「プログラム」全体を成功へと導くための統制活動全体を意味します。

PMOとは

　PMO (Program Management Office) とは、プログラムマネジメントを執行する組織体です。PMOは複数のプロジェクト間の整合性を確保しつつ個別プロジェクトを成功へと導くだけでなく、組織全体の最適化を果たすために不可欠な機能を担います。具体的には、プロジェクト間の優先順位づけや資源配賦の決定、プロジェクトの追加や中止の意思決定、およびプロジェクトの監視・統制・支援など、広範囲な機能にわたります。

　大規模な組織では、大小含め100を超えるプロジェクトが実施されている事例も少なくありません。このように複数プロジェクトが運営される環境では、組織全体のプログラムに対する最適な経営資源の配賦と統治を果たす機能を担うPMOが特に重要な鍵を握っています。

　なおPMOは、「Program Management Office」と別に、「Project Management Office」を意味する場合もあります。この場合のPMOとは、『プロジェクトマネジメント知識体系ガイド　第3版』によると「管轄するプロジェクトを

集中的にまとめて調整するマネジメント活動のさまざまな責任が割当てられた組織体」と定義されています。

PMOの主な機能

　PMOに必要とされる機能に定型的なものはなく、組織の活動目的や戦略、対象となるプロジェクトの範囲、また組織の成熟度によって異なります。

　KPMGが行った国際調査『2002－2003 インターナショナル・プログラムマネジメント調査』では、下図に示された機能がPMOによって提供されていると報告されています。また、これらの機能はプロジェクトオフィスが伝統的に担ってきた機能の延長線上にあり、かつ組織全体の視点から、ガバナンス、リスクマネジメント、品質保証、収益実現、ポートフォリオマネジメントといった領域に広がってきているという結果が出ています。

【PMOが提供する機能】

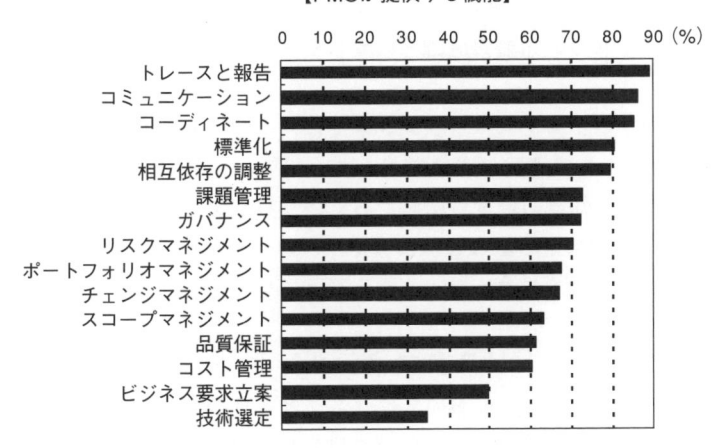

機能	割合
トレースと報告	約90%
コミュニケーション	約85%
コーディネート	約85%
標準化	約80%
相互依存の調整	約75%
課題管理	約75%
ガバナンス	約70%
リスクマネジメント	約70%
ポートフォリオマネジメント	約65%
チェンジマネジメント	約65%
スコープマネジメント	約60%
品質保証	約55%
コスト管理	約55%
ビジネス要求立案	約50%
技術選定	約35%

参考文献

Project Management Institute（著）、PMI東京支部（監訳）：『プロジェクトマネジメント知識体系ガイド　第3版』、Project Management Institute、2005年。

KPMGビジネスアシュアランス：『2002－2003 インターナショナル・プログラムマネジメント調査』、2003年。

キーワード

PMBOK
プロジェクトマネジメント知識体系
Project Management Body Of Knowledge

PMBOKとは

　PMBOKとは、米国のプロジェクトマネジメントの推進団体であるPMI（Project Management Institute）が策定したプロジェクトマネジメントの知識体系で、プロジェクトマネジメントの遂行に必要な基本的な知識を汎用的に体系立てて整理したものです。この知識体系は、さまざまな業種や業務におけるプロジェクトに適用することが可能であり、現在、プロジェクトマネジメントにかかわる事実上の世界標準として、各国で受け入れられています。なお、PMIではPMBOKに準拠した国際的な認定制度PMP（Project Management Professional）も展開しています。

PMBOKの概要

　PMBOKではプロジェクトを遂行する際に、スコープ（プロジェクトの目的と範囲）、時間、コスト、品質、人的資源、コミュニケーション、リスク、調達、統合管理の9つの観点（知識領域）でマネジメントを行う必要があるとしており、PMBOKには、この9つの知識領域ごとのマネジメントプロセスが記述されています。

　PMBOK以前のプロジェクトマネジメントでは、上記の9つの知識領域のうち、主に時間、コスト、品質のみに着目しているケースがほとんどでした。PMBOKでは、9つの知識領域全般にわたって、プロジェクトマネージャーが実施すべき内容を明確に定めることによって、プロジェクト運営を属人的なものから組織における重要なマネジメントへと変えています。

PMBOKとプロジェクトリスクマネジメント

　既に述べたように、PMBOKにおいてはリスクという観点が、プロジェクトマネジメントの重要な知識領域として位置づけられています。

　しかし、PMBOKにおいても、プロジェクトに潜むリスクを適切に洗い出すことが重要であることを記述している一方、その具体的なリスク評価方法までは明示していません。その意味ではプロジェクトリスクマネジメントは、リスクの評価方法やその対策方法を提示するという意味で非常に重要なマネジメン

ト手法であるといえます。

参考文献
Project Management Institute（著）、PMI東京支部（監訳）：『プロジェクトマネジメント知識体系ガイド　第3版』、Project Management Institute、2005年。

キーワード

エンタープライズアーキテクチャー
EA, Enterprise Architecture

エンタープライズアーキテクチャー（EA）とは

　EAは、1987年にジョン・A・ザックマン（John A. Zachman）が発表した「A Framework for Information Systems Architecture」をもとに米国政府において活用され始めた、業務とシステムのモデル化および改善のためのフレームワークです。

　EAを実際に導入するためのツール、マニュアルなどを整備した具体的なフレームワークが、米国では、既にいくつか発表されています。米国の政府機関向けEAフレームワークとしては、FEAF（Federal Enterprise Architecture Framework）、米国財務省のTEAF（Treasury Enterprise Architecture Framework）、米国防総省のDoDAFなどがあります。一方、民間企業向けのフレームワークには、米国技術標準団体オープングループのTOGAF（The Open Group Architecture Framework）があります。

日本政府におけるEAへの取り組み

　日本では2003年、「e-Japan戦略Ⅱ」の実現のためにCIO連絡会議で「電子政府構築計画」が策定されました。この計画では、予算効率性の高い簡素な政府を実現するために、内部管理業務および各府省での個別の業務・システムを最適化する「最適化計画」を策定することとしています。特にいわゆるレガシー問題については、最適化計画の一環として「レガシーシステム見直しのための行動計画（アクションプラン）」を実施していくこととしています。この「最適化計画」はEAの考え方と手法にもとづいて行われています。日本国政府における「最適化計画」の手法は、『業務・システム最適化計画策定指針（ガイドライン）』として、2005年2月に第4版を公開しています。また、経済産業省ではEAの活用を促進するため、EAに関する概要や過去の調査研究の結果などを「EAポータル」としてとりまとめ、同省のウェブサイトにて公開しています。

EAの概要

　EAでは、組織の情報システムの階層を政策・業務体系、データ体系、適用処理体系、技術体系に分類し、各階層における現状（As Is）モデルを調査し、

文書化し明らかにします。また、改革の方向性や問題意識をふまえて、各階層における理想（To Be）のモデルを設定していきます。その現状モデルから理想モデルへギャップを埋めていくことにより、業務とシステムの全体最適化を実現します。

　その意味で、EAを導入することは、組織のITガバナンスを整理する際の一つの手法になると考えられます。また、EAの導入における現状モデル、理想モデルの設定時には、ビジネスプロセスを明確にし、そのプロセスで必要となる内部統制を定義します。そのため、日本版SOX法対応を契機に、財務諸表の適切性確保だけでなく、企業における内部統制全体の明確化へ取り組んでいる企業では、EAの考えを取り入れようと考えているケースがあります。

【EAのフレームワーク】

現状（As Is）モデル／次期モデル／理想（To Be）モデル

As Is
- Business Architecture
- Data Architecture
- Applications Architecture
- Technology Architecture

政策・業務体系（Business Architecture）
データ体系（Data Architecture）
適用処理体系（Applications Architecture）
技術体系（Technology Architecture）

To Be
- Business Architecture
- Data Architecture
- Applications Architecture
- Technology Architecture

Standards（データモデル、セキュリティ要件などの標準を策定）
Transitional Processes（業務、システムなどの移行管理計画を策定）

出典）　経済産業省ITアソシエイト協議会：『EA策定ガイドラインVer.1.1』、2003年。

参考文献
各府省情報化統括責任者（CIO）連絡会議決定：『電子政府構築計画』、2004年6月一部改定。
各府省情報化統括責任者（CIO）連絡会議事務局：『業務・システム最適化計画策定指針（ガイドライン）第4版』、2005年。
経済産業省ITアソシエイト協議会 ：『EA策定ガイドラインVer.1.1』、2003年。
「EA入門」（経済産業省のEAポータル）
http://www.meti.go.jp/policy/it_policy/ea/nyumon/index.html
「EAフォーラム2005　講演レビュー」http://itpro.nikkeibp.co.jp/as/ea2005/index.html

人事リスクと人事デューデリジェンス
Human Resource Oriented Risk and Due Diligence

キーワード

人事リスクとは

　人事リスクとは、組織で働く従業員に起因して発生するリスク、あるいは不適切な人事管理によるリスクをいいます。人事リスクというと、従業員の問題行動や残業代未払いなどの労働法上の手続き違反を思い浮かべますが、本来、人的資源としての活用実態が組織の目的と合致しているかどうかという観点から理解する必要があります。

　従業員、すなわち人的資源を十分に活用し、組織を機能させることで、組織はより大きなパフォーマンスを得ることができます。一方で、人的資源の生産性はリーダーシップやモチベーションといった、心の問題やコミュニケーション、雰囲気など目に見えにくい要素に大きく影響を受けるため、管理が難しく、リスクも発生しやすい領域です。

主要な人事リスクとその傾向

　主な人事リスクと近時の人事管理のトレンド（傾向）が、このような人事リスクの増大に与えている影響は、以下のように整理できます。

(1) 組織の運営にかかわるリスク

　一般に、組織運営の基本的な要素として、①組織のメンバーによって達成されるべき共通目的、②その目的の周知徹底と活動の調整、③メンバーの協働意欲の3つが必要であるといわれています。

　組織の運営がうまくいかないと、意思決定の質が低下したり、トップマネジメントの方針や計画が従業員に正確かつタイムリーに伝達されなくなります。

　上記の3点は、組織構成、各部署・ポストの職務分掌、職務権限関係、経営理念や行動基準の従業員への伝達方法、意思決定ルールなどによって具体化されます。

組織のフラット化

　近年、多くの企業がリストラによって組織構造をシンプルにし、職位階層を大幅に減少させました。この結果、従来以上に一人の従業員の業務範囲が広が

ることになりました。同時にプレイングマネージャーという言葉をよく耳にするようになりました。管理職も、組織管理というマネージャー本来の業務に加え、営業部なら第一線の営業マンとして、管理部門なら間接業務のエキスパートとしてというように、プレーヤーとしての役割も担うことが求められるようになりました。

　このような業務範囲の広がりや組織のフラット化は、リスクマネジメントの観点からいえば責任の所在や情報伝達経路があいまいになる場合もあります。

　特に、例外事項、例えば作業マニュアルに想定していなかったようなトラブルが発生した場合にそれは顕著です。階層組織では、担当者のカバー範囲が明確なので、範囲を越える判断が必要な場合は自動的に上の階層へと、速やかに情報のエスカレーションが行われ問題が処理されます。一方、上述したフラット組織ではどこまでが自分の守備範囲かわからない担当者が、問題をいつまでも抱え込んだり、あるいは何から何まで不必要なまでに情報を上位に伝達してしまい、情報処理機能がパンクしてしまうことがあります。

　こうしたフラット化による課題を克服するため、近年では多くの企業で、コンプライアンス室、リスクマネジメント室など、通常のプロセスで処理できない問題をタイムリーに吸い上げる専門組織を置くようになっています。

(2) 要員計画にかかわるリスク

　いったん決定された事業方針や計画は、従業員によって遂行されなければなりません。そのために会社としては、方針・計画を遂行できるスキルをもった要員をそろえる必要があります。一方、どのような人員がそろっているかによって、事業戦略の選択肢が制限されたり広がったりするというのも事実です。つまり、組織は戦略に従う、戦略は組織に従う、の両方の側面があるわけです。

　したがって、要員計画と事業方針・計画は合致している必要があります。これが大きく乖離すると、組織の目的が遂行できないことになります。

　そこで、従業員を勤続年数別、年齢別、雇用形態、保有スキルで見た場合の人員構成と事業方針・計画とが合致しているかを常に確認しておく必要があります。

特に、技術者・研究者・取引先とのつながりが強い営業部員など特定の従業員の構成は、経営者層の能力・資質・マネジメントスタイルと同様に、事業戦略に少なからずインパクトを与えるので留意が必要です。

ニート対策と定年延長

　少子高齢化社会へと加速度的に人口動態が移行しているなかで、企業における人員構成も大きく変わりつつあります。1990年代のリストラでは、管理職や中高年層が大幅に削減されましたが、今では、人材確保と技能伝承が企業の死活問題になり、中高年労働者の再活用を考える企業が増えています。また、2013年度に国の年金制度が65歳支給へと変更されるのにともない、65歳までの雇用延長や再雇用を検討する企業が増えています。

　この結果、新卒を採用できる力のある企業を除き、多くの企業で世代間の人員構成のアンバランスが再び拡大し、組織が再び高齢化の道を進み始めています。

　こうした問題に対する施策として、労働市場からのインフローの拡大と、入社後のフローの管理が必要です。例えばインフローの拡大として、ニートと呼ばれる若年未就業者に対してインターンシップを通じた就業機会を提供したり、学生へのキャリアカウンセリングによって、若い労働力を早い段階で確保します。他方、入社後のフロー管理としては、技能をもつ人材には60歳を超えても長く貢献してもらう一方で、早期退職優遇制度を通じて、事業方針・計画とのミスマッチ人材の定期的なアウトフローを実施します。

(3) 人件費にかかわるリスク

　事業方針・計画は従業員によって遂行されるわけですが、その生産性は従業員のモチベーションによって影響を受けます。

　モチベーションに影響を及ぼす要因として、賃金および福利厚生を含む総合的な給付水準が同業他社・同地域他社より著しく低くないか、貢献度からみた世代間人件費配分が不適切でないか、といった事項が挙げられます。これらが適切に管理されていない場合、従業員のモチベーションの低下や人材の流出が起きる可能性が高まります。

成果主義人事制度

　昨今一つのブームになった成果主義人事制度では、多くの企業が従来の年功的な賃金制度から、勤続年数や年齢にかかわらず達成した成果によって賃金を決定する仕組みへと、人件費配分の基本ルールを大きく変えてきました。その結果、これまで貢献度に比べて賃金が抑えられてきた中堅層への人件費配分が増え、高年齢従業員の人件費は大幅に抑えられるようになりました。従来の年功賃金における「働き盛りでの貢献を退職近くになって後払いする」という考え方からの大転換です。

　いわば、時価での貢献と賃金が合致するようになったわけですが、これには問題がないとはいえません。例えば、現在の成果が評価されすぎるため、将来に向けた先行投資的な活動が弱まることがあります。現在の成果は実は過去の研究開発投資や営業網整備、または地道なプロモーション活動の結果として得られていることが多いものです。しかし、こうしたすぐには数字にならない活動が抑制されてしまう可能性があることに留意しなければなりません。また、成果へのプレッシャーが強すぎると、ミスやトラブルなどのネガティブな情報を隠そうとする従業員も現れ、結果として会社の信頼を傷つけることにもなりかねません。

　会社は、自社の人事制度が成果を過度に重視しすぎたものになっていないかを確認したうえで、成果と年功のバランスがとれた人事制度を構築する必要があります。

(4) モチベーションマネジメントにかかわるリスク

　従業員のモチベーションを高める、と一口に言っても、従業員の年齢構成、職種、職位、雇用形態などによってモチベーションを左右する要因は異なります。前項(3)に挙げた賃金の他に、福利厚生、キャリアの見込み、経営理念、ビジョン、トップのカリスマ性、組織文化、企業ブランドへの愛着などが一般に挙げられます。

　自社の従業員の大多数のモチベーションの源泉が把握されていないと、従業員のためのさまざまな施策のコストだけがかさみ、想定していた効果が得られ

ないことになりかねません。そのため、会社は従業員満足度調査などを通じて、日頃から従業員の真のモチベーションの源泉を客観的に把握しておくことが重要です。

　また、モチベーションの源泉は固定したものではなく、変化します。例えば、創業者社長の下ではトップのカリスマ性が従業員のモチベーションの源泉であったが、世代交代により、それが組織文化へ、賃金へ、福利厚生へと変わっていく、ということもあり得ます。このようなモチベーションの源泉の変化を、時系列的に把握することによって、現状課題とともに、組織の将来像や課題を浮き彫りにすることができます。

人材ポートフォリオの多様化

　昨今「多様な働き方」という言葉をよく耳にします。組織の人員構成も、正社員だけでなく、契約社員、派遣社員、パート・アルバイト、他社からの出向者、アライアンス（提携）先の社員、というように、多様な人材で組織が構成されるようになりました。

　必然的に、モチベーションの源泉もますます多様化しています。これに対して、個々の従業員のモチベーションの源泉に応じた個別管理ができればベストですが、大企業ともなると膨大な管理コストを要することになります。

　そこで登場したのが、人材ポートフォリオ管理という人事管理手法です。これは、従業員を雇用形態ではなく、人材あるいはその人材が担当する職務の「戦略上の重要性の高低」と、「労働市場での希少性の高低」によって4分類し、それぞれに応じたモチベーションマネジメントの手法をとっていこうというものです。例えば、戦略上の重要性が高く労働市場での希少性も高い人材には、キャリアの見込みを提供することに主眼をおいた人事施策を行い、戦略上の重要性は高いが労働市場での代替が可能な人材へは、相当の報酬を提供する、といった具合です。

　最近では小売業や外食産業におけるパート店長のように、非正社員を重要なポストで活用する企業も増えています。このような柔軟な人材活用ができるのは、パート＝自由な労働時間がモチベーションの源泉、と短絡的に解するので

はなく、責任ある地位といったモチベーションの源泉もあることを正しく把握して適切な処遇を行うことによって可能になっているのです。

　以上のように、人事リスクとは、残業代未払い、雇用・解雇における手続きの不備、従業員自身の問題行動などに代表されるコンプライアンスにかかわるリスクにとどまることなく、人的資源の活用実態が、組織の目的と合致しているかという、経営の観点から広く理解する必要があります。

人事デューデリジェンス

　最近、M&Aなどによる事業再編が活発に行われています。企業買収する会社による被買収会社の事業評価の重要な分野として、人事リスクにも高い関心が払われています。単に買収価額算定の根拠として評価するだけでなく、事業再編後の効果発現に向けて、どのような施策をとるべきかを事前に検討するためです。人事リスクの内容と大きさによっては、買収価格や買収後の統合計画を大きく見直す必要があるかもしれません。

INDEX

【英字】

BCM 41
BCP 42,44
BIA 42,44
BPO 135
BS 7799 114
BS 15000 131
CCO 99
CISO 109
COBIT 70,76
COSO 45,47,51,56
COSO ERM 47
CRO 23
CSA 35
CSR 81,84
CSR経営 17
CSR報告書 83,84,87
EA 142
GRIガイドライン 85,87
ISO/IEC 17799 114,115
ISO/IEC 20000 130
ISO/IEC 27000シリーズ 112,113

ITIL 130,132
*it*SMF 130,132
ITガバナンス 70,143
IT業務処理統制 74
IT全般統制 72
JIS Q 15001 108
JIS Q 27001 114
JIS Q 27002 114
JIS X 5080 114,115
KPI 27,38
PKI 120
PMBOK 140
PMO 138
PMP 140
RPO 42
RTO 42
SAS70 78
SLA 133
SLM 133
SOX法 49
SRI 81

INDEX

【ア行】

アカウンタビリティ 20,81
アサーション 55
インテグリティプログラム...............92
エンタープライズアーキテクチャー 142

【カ行】

会社法 12,62
会社法による内部統制関連要求 62
危機管理計画 41
企業改革法.................................49,78
企業統治 8
企業の社会的責任 81
業務プロセスに係る内部統制 59
金融検査マニュアル 128
金融商品取引法 51
グループ経営 14
グロスリスク 28
経営品質 90
公益通報者保護法 102
公開鍵基盤 120
行動規範 19,97
コーポレートガバナンス 8
個人情報の保護に関する法律 107

個人情報保護 106
個人情報保護法..........................107,108
固有リスク 28
コンピュータフォレンジック 104
コンプライアンス 81,94
コンプライアンス体制 64
コンプライアンス統括責任者 99
コンプライアンスプログラム 92

【サ行】

サーベンス・オクスリー法...............49
サステナビリティ報告書 84,87
残存リスク 28
残余リスク 28
事業継続 135
事業継続計画 41,42,65
事業継続マネジメント 41
事業等のリスクの開示 67
システム監査 122,124,126
システム監査企業台帳 124
システム監査資格 126
システムリスク 128
持続可能性報告書 84,87
社会的責任投資 81

主要業績管理指標 27,38
情報セキュリティ 106,110
情報セキュリティ監査企業台帳....115,116
情報セキュリティ監査基準............115
情報セキュリティ監査制度.............115
情報セキュリティ管理....................135
情報セキュリティ管理基準............115
情報セキュリティポリシー.............111
情報セキュリティマネジメントシステム
　（ISMS）適合性評価制度 109,112
証明書ポリシー................................121
助言型監査......................................116
人材ポートフォリオ 149
人事デューデリジェンス 150
人事リスク......................................145
ステークホルダー.....................17,81,84
成果主義人事制度............................148
全社的な内部統制...............................57

【タ行】

ダイレクトレポーティング................53
チーフリスクオフィサー 23
電子証明書.......................................120
電子署名法.......................................118

電子認証 120
電子認証局..................................80,120
特定認証業務 118

【ナ行】

内部監査 33
内部通報制度 101
内部統制 35,45,52,76,78,83,143
内部統制システム 62,64,66
日本版SOX法 ...34,46,51,55,58,59,80,143
認証業務規程 121

【ハ行】

ビジネス影響度分析 42,44
不正調査 104
プライバシーマーク制度 108
プログラムマネジメント 138
プロジェクト 136
プロジェクトマネジメント............137
プロジェクトリスク 136
プロジェクトリスクマネジメント ..136,140
保証型監査ー....................................116

INDEX

【マ行】

目標復旧時間 42
目標復旧時点 42
目標復旧レベル 42
モニタリング 8

【ラ行】

リスクアピタイト 31
リスク許容限度 31
リスクコントロールマトリクス 59
リスクシナリオ 43
リスクトレランス 31
リスクの棚卸と評価 26
リスクポートフォリオ 31
リスクマトリクス 31
リスクマネジメント 22,35
リスクマネジメント委員会 23
リスク欲求 31
リソースバックアップ計画 41
連邦量刑ガイドライン 94

■編者紹介

KPMG

　KPMGは、監査、税務、アドバイザリーサービスを提供するプロフェッショナルサービスファームのグローバルネットワークです。世界144カ国のメンバーファームに104,000名以上のプロフェッショナルを擁し、サービスを提供しています。KPMGネットワークに属する独立した個々のメンバーファームは、スイスの協同組合であるKPMG Internationalに加盟しています。KPMG Internationalは、クライアントに対していかなるサービスも行っていません。

KPMGビジネスアシュアランス株式会社

　KPMGビジネスアシュアランス株式会社は、KPMGのメンバー企業として、コーポレートガバナンスや内部管理態勢から、事業継続やコンプライアンスのマネジメント態勢、さらには、情報セキュリティ管理態勢や人事管理態勢の構築や評価・改善など、企業経営にかかわるさまざまなアドバイザリーサービスを提供している国内最大級のリスクマネジメント専門会社です。

　ここに記載されている情報はあくまでも一般的なものであり、特定の個人や組織が置かれている状況に対応するものではありません。私たちは的確な情報をタイムリーに提供するよう努めておりますが、情報を受け取られた時点及びそれ以降においての正確さは保証の限りではありません。何らかの行動を取られる場合は、ここにある情報のみを根拠とせず、プロフェッショナルが特定の状況を綿密に調査した上で下す適切なアドバイスに従ってください。

早わかり リスクマネジメント&内部統制
知っておきたい61のキーワード

2006年9月15日　第1刷発行

編　者	KPMGビジネスアシュアランス(株)
発行人	谷口弘芳
発行所	株式会社日科技連出版社
	〒151-0051 東京都渋谷区千駄ヶ谷5-4-2
電　話	出版　03-5379-1244
	営業　03-5379-1238～9
振替口座	東京00170-1-7309
DTP	日本アートグラファー
印刷・製本	シナノ

検印省略

Printed in Japan

©2006 KPMG Business Assurance Co., Ltd., a company established under the Japan Company Law and a member firm of the KPMG network of independent member firms affiliated with KPMG International, a Swiss cooperative. All rights reserved.

ISBN 4-8171-9189-9
URL　http://www.juse-p.co.jp/

本書の全部または一部を無断で複写複製(コピー)することは、著作権法上での例外を除き、禁じられています。